日本の侵略

忘れさせないために

加害と被害の真実

赤旗編集局―編

新日本出版社

はじめに

日本がおこなった侵略戦争と、朝鮮半島や台湾などの植民地支配にどう向き合い、対処するか――。戦後76年がたつのに、政府はアジア諸国との交流にとっても最大の課題に背を向ける、無責任な姿勢をとっています。

日本軍「慰安婦」訴訟で、日本政府に賠償請求を求めた韓国のソウル地裁判決を、菅義偉政権が拒否したのも、その現われの一つです。菅義偉政権は「安倍政権を継承」というように、歴史の認識でも前政権を継承し、侵略戦争と植民地支配への反省を示していません。

それどころか、日本維新の会の質問主意書にたいする政府答弁書で、「従軍慰安婦」という用語は「誤解を招くおそれがある」ことから、単に「慰安婦」という用語が「適切」で、「近年、これを用いている」と答えました。これは歴史の事実に反し、従来の政府見解に照らしても間違っています。閣議決定にたって文部科学相が教科書用語に介入するなど許されません。

日本が1910年の「韓国併合」によって朝鮮半島の外交、内政上のすべての国家主権を奪い、1945年の敗戦までの35年間、日本の「朝鮮総督府」を置き、植民地支配をしたことは、歴史の事実です。学校では日本語の使用を強制され、日本名へと名前まで変えられました。敗戦間際には徴兵制で朝鮮人が「日本軍兵士」に仕立てられて戦地に送られたのです。

未成年者を含む朝鮮の女性を甘言で誘い、だまして「慰安婦」にしたのも、また徴兵された日本人労働者の代わりに朝鮮人や中国人を炭鉱や港湾など厳しい現場に動員したのも日本軍と政府です。戦争責任だけでなく、植民地支配の責任が問われています。朝鮮人の多数の女性が「本人たちの意思に反して」（1993年8月の河野洋平官房長官談話）、「甘言、強圧」によって日本軍兵士の「慰安婦」にされ、中国や東南アジアの慰安所に監禁され、性奴隷にされました。

戦後50年の村山富市首相の談話は「植民地支配と侵略によって、多くの国々、とりわけアジア諸国の人々に対して多大な損害と苦痛を与え」たことに、「痛切な反省」と「心からのお詫び」をのべました。「侵略戦争」と明確にしていないなどもありますが、これが従来からの政府見解です。いずれも戦後国際社会での日本の存在価値を問う問題です。

過去に他国を植民地支配した責任をどう果たすか。今日、体制の違いをこえて「人権」を守る声は世界中で高まっています。人種差別や奴隷制の問題、ジェンダー平等を求める願いは大きな流れです。国際的流れをみればもはや「河野談話」「村山談話」は否定できないものになっています。

この本は赤旗編集局編シリーズの第4集です。これまで『語り継ぐ　日本の侵略と植民地支配』（2016年）、『戦争の真実　証言が示す改憲勢力の歴史偽造』（18年）、『韓国・朝鮮植民地支配と日本の戦争　三・一独立運動100年から考える』（19年）を刊行しました。

本書は「しんぶん赤旗」の2018年から約4年間の記事がもとになっています。「Ⅰ部　日本の侵略戦争と植民地支配の実態」、「Ⅱ部　沖縄戦、大空襲、シベリア抑留」、「Ⅲ部　『証言　戦争』から」で構成しています。そのどこからも読んでいただけます。

2021年6月26日

執筆者を代表して　山沢猛

日本の侵略　加害と被害の真実——忘れさせないために：目　次

Ⅲ部　「証言　戦争」から　147

Ⅰ部　日本の侵略戦争と植民地支配の実態

一　徴用工と戦時強制動員

（1）朝鮮少女に労働を強制　政府、企業は謝罪を

日本の植民地支配下の朝鮮半島から強制動員された女子勤労挺身隊の被害者が２０２０年１月17日、連行先の三菱重工側と面会し、早期謝罪・賠償を求めました。日本企業に勤労挺身隊や徴用工被害者への賠償を命じた18年の韓国大法院（最高裁）判決(*)後、被告企業が原告に会うのは初めてです。

■訴え５００回、三菱重工が面会

韓国から来日した梁錦徳《ヤンクムドク》さん（90）は、朝鮮の国民学校6年生だった１９４４年6月、日本人校長らに「日本で働けば金もたくさん稼げるし、女学校にも入れる」とだまされ、名古屋へ連行されました。三菱重工の工場で飛行機部品の塗装を強いられました。

500回目の金曜行動で三菱重工に対し解決を訴える梁錦徳さん（左端）と高橋信さん（右端）、李國彦さん（その左）ら＝2020年1月17日、東京・千代田区の三菱重工本社前

「戦後75年、死を前にしているのに何ら謝罪がない。けがまでしたのに、いまだに給料ももらっていない。包括的な解決を一日も早くしてほしい」

三菱重工との面会に同席した「名古屋三菱・朝鮮女子勤労挺身隊訴訟を支援する会」の高橋 信《まこと》共同代表（77）によると、梁さんは応対した三菱側の総務担当者2人にそう訴えました。

面会実現の背景には、「支援する会」が07年7月から始めた「金曜行動」があります。毎週金曜、東京の三菱重工本社前などでチラシを配っています。５００回目となった17日は韓国から20人余、日本各地から約40人が参加しました。

高橋さんはいいます。「私たちは毎回チラシを三菱の担当者に届けてあいさつをし、対話を大事にしてきました。その積み重ねが今日につながった」

■政府、企業は謝罪を

金曜行動は韓国の市民を励まし、09年には韓国で「勤労挺身隊ハルモニと共にする市民の会」ができました。

同会の李國彦《イググオン》常任代表（51）は、三菱側との面会後、賠償に応じない同社に対し、大法院判決の履行を改めて要求。「日本が行った強制連行・強制労働は国際法に照らして正しいのか」と訴えました。日韓請求権協定（65年）で「解決済み」との立場に固執する日本政府。外務省はこの日、原告との面会に応じませんでした。

梁さんは編集部の取材に「（自分が負った苦労を安倍首相が認め、謝罪することは）いまからでも遅くない」と繰り返し語りました。「『すみません』と安倍さんがいって、互いに握手して笑って話せたらいい」

金曜行動に490回以上参加してきた「支援する会」の寺尾光身《てるみ》共同代表（84）は語ります。「500回に達しても解決できず、申し訳ないと思います。日本政府がきちっと歴史の事実を認めて反省し、二度と繰り返さないための政策を行うよう頑張っていきたい」

〈日韓共同の協議体創設提案〉

徴用工や勤労挺身隊の裁判に関わる日韓の原告側代理人の弁護士や支援団体は、強制動員問題全体の解決構想を検討する日韓共同の「協議体」を創設することを提案しました（6日、両国で同時会見）。協議体は、被害者の代理人弁護士や支援者、学者、政財界関係者らで構成。救済対象には軍人・軍属として強制動員された被害者も含まれます。

会見で川上詩朗弁護士は「問題の本質は重大な人権侵害」だと指摘。「人権侵害の事実を日本の政府や企業が認めて謝罪することが、解決の出発点」だとのべました。

韓国の文在寅《ムンジェイン》大統領は年頭の記者会見（14日）で、提案された「協議体」に「韓国政府は参加する意向がある」と表明しました。さらに、日本軍「慰安婦」被害者の声を聞かずに進めた15年の「日韓合意」に言及。「最も重要なのは被害者の同意を得る解決策づくりだ」とし、日韓の協議を呼びかけました。

菅義偉官房長官は、日韓の協議に否定的な立場を示しました。（14日の記者会見）

＊大法院判決

韓国大法院は18年10～11月、三菱重工、日本製鉄（旧新日鉄住金）に、それぞれ被害者への賠償を命じる三つの判決を出しました。企業側はいずれも賠償に応じていません。安倍政権が大法院判決への報復措置として、韓国への輸出規制を拡大。日韓関係は戦後最悪といわれる状況に陥りました。

（２０２０年１月26日号日曜版　本吉真希）

（2）朝鮮人原爆死1万人、強制労働で犠牲に――三菱の軍需都市・長崎

さきの太平洋戦争でアメリカが1945年8月、広島に続いて原爆を投下した長崎市。その年の末までに亡くなった日本人は7万3884人ですが、1万人余の朝鮮人が犠牲になりました。なぜ、長崎にこれほど多いのか。被爆の遺構をめぐりながら、日本が起こした侵略戦争・植民地支配と朝鮮人強制連行・強制労働問題と原爆を考えました。

■12時間超す作業

長崎駅から赤迫《あかさこ》行き路面電車の電停「住吉」で降り、歩いて10分。山の中腹に「三菱兵器トンネル工場」跡があります。

旧日本海軍の魚雷などを製造した三菱長崎兵器大橋製作所の地下部品工場です。掘削工事を41年から始め、特に、敗戦色が強くなった44年9月から45年6月まで6本のトンネル（1本・長さ300メートル、高さ3メートル、幅4・5メートル）を順次つくろうとしました。岩の掘削は、強制連行した朝鮮人を強制労働させました。

現在、長崎市の「被爆建造物等」として見学できる2号トンネル内を歩くと、側面の壁はゴツゴツとして不規則に削られた岩ばかりです。削岩機など機械で一律に掘削したのではなく、ツルハシ

などで削り掘ったことがわかります。

「長崎在日朝鮮人の人権を守る会」（守る会）や「長崎の証言の会」の会員で、平和ガイドをする森口正彦さんは、「連行した朝鮮人労務者の飯場がトンネル周辺に建てられ、推定で１３００～１４００人が働かされた」といいます（別地図参照）。飯場といっても「にわとり小屋みたいので、平屋ですたい。その辺の材木ば寄せ集めて作ったもんのようです」（「守る会」聞き取り証言から）。

「朝鮮の人たちは、粗末な食事と飯場・寮という名の収容所で逃亡を許されない厳しい監視をうけ、12時間以上の長時間作業を強いられた」と森口さん。

強制連行した朝鮮人を使って手掘りしたトンネル工場跡

■連行確認70カ所

なぜ、多くの朝鮮人が長崎にいたのか。

長崎は、戦前、三菱重工（造船、機械、兵器、鉄鋼など）をはじめ旧陸海軍の軍需工業都市でした。炭鉱や兵器工場、造船所などの労働力不足を補うために朝鮮半島各地から強制連行された朝鮮人たちは、船でいったん北九州へ上陸させられたあと、長崎県内に送られました。

「守る会」などの調査で、長崎県内で朝鮮人連行が確認できる炭鉱や工場、建設現場は70カ所にのぼります。45年８月当時、長崎県内に在住した朝鮮人は推計７万２７５０人です。

三菱兵器住吉トンネルと周辺の飯場

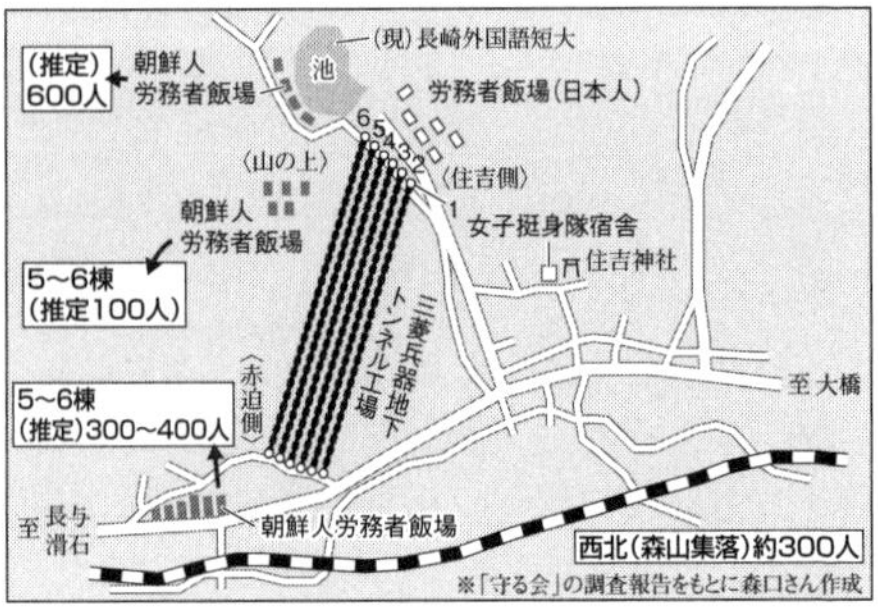

そもそも、アメリカとの戦争は、日本が41年12月、ハワイ・真珠湾にあった米海軍基地への奇襲攻撃で開戦しました。その奇襲攻撃に使った魚雷を製造したのが、長崎の三菱兵器大橋工場でした。

アメリカは42年12月以降、日本主要都市への空襲を繰り返します。長崎も6次にわたって空襲。なかでも、45年4月から8月1日まで4回の連続的な空襲では、死傷者計924人、三菱造船所ドック地区や川南造船所などで甚大な被害が出ました。もっとも、兵器工場では、兵器の物資がなく、竹ヤリならぬ鉄ヤリを製造していたとの証言もあります。

そして、6次の空襲が8月9日の原爆投下でした。

長崎市内にいた朝鮮人約2万5000人のうち、1万人余が原爆死しました。爆心地から2・3キロにあったトンネル工場。周辺の飯場も全滅しました。

■犠牲者数は概数

長崎市の平和公園は、戦前は長崎刑務所浦上刑務支所でした。侵略戦争と植民地支配に反対・抵抗した朝鮮人13人～16人、日本人33人～36人、中国人32人の受刑者・刑事被告人が一瞬に犠牲になりました。

森口さんはここでガイドするとき、「日本人と朝鮮人の犠牲者数が概数なのはなぜか」と生徒たちに必ず問いかけます。手作りの説明文で概数の答えのヒントとして、韓国併合条約（１９１０年）による韓国統治後、日本が行った政策について、次のように話します。

「皇民化政策として国籍をはく奪し、日本語の強要で朝鮮語を禁止し、創氏改名として日本人の氏名に変更させました。神社参拝も強要しました」

爆心地公園でガイドする碑は、「長崎原爆朝鮮人犠牲者」の追悼碑です。碑文の説明板には、次のように書かれています。

「かつて日本が朝鮮を武力で威かくし、植民地化し、その民族を強制連行し、虐待酷使し、強制労働の果てに遂に悲惨な原爆死に至らしめた戦争責任を、彼らにおわびすると共に、核兵器の絶滅と朝鮮の平和的な統一を心から念じてやまない」

森口さんは、追悼碑を見ながら話します。「朝鮮人被爆者はアメリカの原爆投下と日本の植民地支配の二重の被害者です。日本政府は朝鮮人被爆者の実態調査さえ怠ってきました。アジアの人たちと友好関係を築き、日本を再び戦争する国にしないために、加害も含めた歴史を若い世代に伝えていくのが、平和ガイドの役割だと思います」


（２０１９年11月６日付　阿部活士）

(3) 戦争遺跡・松代大本営と朝鮮人労働者――秘密保持のため強制的に

長野市松代にある舞鶴山、皆神山、象山の地下を掘り抜いた松代大本営は、日本最大級の戦争遺跡です。6500人ともいわれる朝鮮人をなかば強制的に働かせました。現在唯一公開されている象山地下壕（管理・長野市）をNPO法人・松代大本営平和祈念館（平和祈念館）が主催する12月8日の無料見学会に同行しながら、日本が起こした侵略戦争の本質と日韓市民交流を考えました。

塚田晴美さん（72）がガイドを務めました。海外勤務が長かった塚田さんは、退職前の10年間を韓国で過ごし、「お世話になった韓国の人たちに恩返しできるボランティアとして選んだ」といいます。

総延長5・8キロ超の象山地下壕は、幅4メートル、中心の高さ2・7メートルの縦坑が20メートル間隔で20本、それをつなぐ横坑が50メートル間隔で4～5本が碁盤の目のように掘り抜かれました。

見学できるコース（519メートル）にも、削岩機のさびたロッド（棒）が岩に刺さったままの箇所があり、削岩機で壁面が削られた跡がいたるところに残っていました。「岩肌に刺した削岩機のロッドからの圧縮空気で穴をあけ、ダイナマイトで発破し、掘削するやり方です」と塚田さん。

韓国の都市・「大邱府」と書かれた所では、「12時間2交代で昼夜休みなく、最盛期には1日1万人を動員しました。６５００人は朝鮮人です。大本営建設という秘密保持のため辞めることを認めていないので、なかば強制的に労働させたといえる」と説明しました。

「大本営建設の大切な語り部」で、１９９１年に亡くなった崔太小（チェ・ソアム＝日本名・催本小岩）さんの写真を掲げながら「朝鮮人労働者は重労働に加え、コーリャンの赤い実に塩を入れたお粥《かゆ》の貧しい食事、三角兵舎という粗末なねぐら暮らしを強いられた。事故も日常茶飯事でしたが、犠牲者がどれだけいたかも不明です」と話します。

■「信州」が「神州」に

象山地下壕に掘られたハングルと朝鮮人労働者のことを解説する塚田さん

なぜ東京・皇居にあった大本営を松代へ移転させようとしたのか。

占領したサイパン島の陥落以来、米軍の本土空襲が激しくなった１９４４年、本土決戦を覚悟した日本軍は、東京から離れていて近くに飛行場がある地に大本営と天皇の住居を移す計画を具体化させました。

松代は、地質的に硬い岩盤があり、地下壕の掘削に適すると判断。「信州」が「神州」に通じ、皆神山など神の付く名も気に

松代大本営の工事概要

	倉庫名	場所	工事命令	用途	完成率%
1	イ号	松代町象山	マ(10・4)	政府・NHK・中央電話局	80
				付属厠	80
2	ロ号	西条村白鳥山（舞鶴山）	マ(10・4)	大本営	90
				付属厠	50
3	ハ号	豊栄村皆神山	マ(10・4)	食料庫	100
				付属厠	100
4	二号	須坂町鎌田山	マ（323）	送信施設	70
5	ホ号	都住村雁田山	マ（68）	送信施設	0
6	へ号	須坂町臥竜山	マ（68）	送信施設	0
7	ト号	清野村妻女山	マ（323）	受信施設	65
8	チ号	芋井村 善白鉄道トンネル	マ(7・12)	皇太子　皇太后	0
9	リ号	雨宮村薬師山	マ(7・12)	印刷局	0
10	仮皇居	西条村筒井	マ（323）	天皇・皇后・宮内省	90
11	賢所	西条村弘法山	マ(7・12)	賢所	坑口

（作成・松代大本営平和祈念館）

いったともいわれます。

44年10月に「東部軍マ（一〇・四）工事」として、工事命令が下り、11月11日午前11時に工事が始まりました。敗戦翌日の45年8月16日に工事中止命令が下るまでの9カ月間続けました。

象山地下壕はイ地区として、行政、通信（中央電話局）、放送部門（現・NHK）の1万人を収容することを計画。ロ地区（舞鶴山）に大本営、ハ地区（皆神山）に皇族用住居（食料庫に変更）をつくりました。全体計画はイからリまでありました。（別表）

実際に穴を掘るのは西松組（現・西松建設）が、建物・事務所設置は鹿島組（現・鹿島建設）が請け負い、配下に「梅田班」などグループで作業させたことがわかっています。

■2432人の名簿

崔さん以外に、どんな朝鮮人が働かされていたのか。

軍が工事中止命令と同時に証拠になる書類の焼却命令をだしたため、長く不明でした。しかし、一昨年、米国議会図書館にあった接収文書のなかから「帰鮮関係編纂」を発見した元長野県史編纂委員の上山和雄国学院大名誉教授が論文を発表。同文書の利用を許された長野県強制労働調査ネットワークの会員で、平和祈念館の花岡邦明理事長や北原高子事務局長らが、松代町西松組出張所や鹿島組松代作業所の「東部軍マ（一〇・四）工事　移入朝鮮人労務者名簿」などを分析しました。

本籍、氏名（創氏改名された日本名）、生年月日、年齢欄がある名簿は45年9月に作成し、朝鮮人を故郷に帰すためのものでした。合計２４３２人の朝鮮人が判明。出身地別では慶尚南道が約４割、９７６人でトップ。年齢別には、15歳以下が７８０人（32％）もいました。崔さんも名簿にありました。

毎年11月11日に「松代大本営工事犠牲者追悼・平和祈念のつどい」を開いてきた平和祈念館。北原事務局長は、いいます。

「数でなく名前を目にすることで、生きた人の姿が実感されました。名簿をもとに、本人や家族に会える可能性が生まれました。改めて、植民地支配と戦争に人生を翻弄された人々に思いをはせ、真相を明らかにしなければ、と考えます」

平和ガイドの塚田さんは、「韓国の人たちの良さは、義理人情に厚く、年長者は大事にされる敬老の精神があることです」と語ったうえで、市民交流を進める留意点として「韓国の市民は植民地支配された時代を生きたおじいちゃん、おばあちゃんの世代から日本のことを聞いています。徴用工問題を契機にした日本を警戒している背景として知るべきでは」と指摘します。

■沖縄戦と関係密接

北原さんらが力点においてガイドするのは、朝鮮人強制労働と、松代大本営建設が米軍との地上戦となった沖縄戦と密接に関係していたことです。

大本営は、44年3月、南西諸島方面の防衛強化のため、沖縄守備隊（第32軍）を創設し、軍司令官に牛島満中将が就きます。第32軍は司令部があった首里城が陥落する45年5月中旬以降も降伏しませんでした。

一方、建設がすすむ松代大本営へ、6月13日に小倉庫次侍従が視察し、「陛下にもしものことがあっても、三種の神器は不可侵である」として、賢所《かしこどころ》の建設を指示します。6月16日に視察した阿南惟幾《あなんこれちか》陸軍相は、沖縄の牛島司令官に「貴軍の奮闘により本土決戦の準備は完整せり」と電報を打ちます。

北原さんは強く話します。「軍民20万人も犠牲にした6月23日までの日本軍の無用な抵抗は、松代大本営づくりの時間かせぎでした。しかも、天皇と軍上層部だけが生き残るための施設です。『守るべきは三種の神器だ』というのは、とてもむなしく思います。沖縄はいまも基地の島にされています。『基地はいらない』とがんばるオール沖縄の人たちと連帯するためにも、松代大本営を実際に訪ねて太平洋戦争を感じてほしい」

（２０１９年12月23日付　阿部活士）

（４）徴用工問題の根本は――明治学院大学国際学部教授阿部浩己さんに聞く

日本の植民地支配下で強制動員された徴用工問題をめぐり、日韓両政府の対立が深まっています。安倍政権は、１９６５年の日韓請求権協定で請求権問題は「解決済み」との立場です。それを韓国が覆したとして「国際法（同協定）違反だ」と非難しています。そもそも国際法からこの問題をどう考えたらいいのか。国際法にくわしい阿《あ》部《べ》浩《こう》己《き》・明治学院大学国際学部教授に聞きました。

まず、なぜいま韓国の被害者が声を上げているのか。その背景を考える必要があります。

いままでの世界や、個々の国内は強者優先の社会でした。被害者の声が押しつぶされる時代が長く続きました。しかし１９８０～90年代、人権を中心に据えた公正な社会をつくろうという考え方が広がっていきました。

人権の理念が広まった一つは、強者優先の学問を反省したことです。英雄中心の歴史の本や男性中心につくられた法律が、違う視点から研究されました。

そうした研究が世界に反映されると、社会からこぼれ

強制動員された父親の遺影を胸に、三菱重工本社ビルを見つめる韓国の遺族（右側２人）。「責任を認めて賠償を」と訴えた＝2019年２月15日、東京都千代田区

落ちてきた声が「人権」をキーワードに拾い上げられていきました。政治的な機運も生まれ、抑圧されてきた声が各地で一気に花開きました。

■90年代になって

韓国では軍事独裁体制で声を上げられない状況が長く続きました。80年代後半の民主化によって、ものを言える土壌ができました。90年代、高齢化した被害者がやっと声を上げられるようになったのです。

大切なことは、声を上げた人たちにどう向き合うかです。

日本が朝鮮を植民地とした「韓国併合」条約は、１９１０年に結ばれました。その5年前の第2次日韓協約で、日本は韓国の外交権を剥奪して保護国としました。その際、韓国は「国の代表者に対する強制によって強引に条約が結ばれた」と主張していました。強引な条約締結は、当時の国際法に照らしても違法です。

日韓で基本条約と請求権協定を結んだ65年、日本は植民地支配について「当時は合法」と主張しました。韓国は「当初から無効」と訴えましたが、うやむやにされました。

その後も、植民地支配が合法か不法かという問題は平行線のまま、90年代に日本軍「慰安婦」や徴用工の問題が出てきました。２０１２年と18年、韓国の大法院（最高裁判所）判決は「慰安婦」や徴用工問題の根本に植民地支配の不法性があることを認定しました。

二つの判決は、日韓請求権協定の交渉過程で日本政府は植民地支配の不法性を認めなかったので、同協定で放棄した請求権には、植民地支配の不法性に基づく被害への慰謝料請求権は含まれていないと踏み込んだ判断をしました。

この判決に日本政府は、引き続き植民地支配の不法性に触れず、日韓請求権協定で「解決済み」との立場に固執しています。

日韓請求権協定第2条は、両国とその国民の間の請求権問題は「完全かつ最終的に解決」したと定めています。仮に将来、問題が生じても一切合切終わりという主張は、典型的な強者の論理です。いまの国際秩序のなかでは通用しません。

条約の解釈の仕方について国際司法裁判所は71年、人権問題に関わるナミビア事件で「国際文書は、解釈の時点において支配的な法体系全体の枠内で解釈適用されなければならない」と勧告的意見を出しました。

日韓請求権協定に置き換えれば、現時点において支配的な法体系＝こぼれ落ちてきた被害者の声を聞き取るという、国際法のあり方に照らして解釈しなくてはいけない、ということです。現在の国際法は個人の救済を求めているのです。

日韓両国の政府と最高裁は、日韓請求権協定で被害者個人の請求権は残っていると認めています。

解決の道筋は法的に残っています。被害者が生きている間に両政府はこの一致点を生かし、話し合いで解決すべきです。

■真相究明も必要

もう一つ、問題解決に絶対必要なのは真相究明です。真相究明をおざなりにして謝罪をされても、被害者は納得できません。

大切なのは「何が起き、なぜ起きたのか」を被害者が理解できることです。そのことは、被害者がもう一度この社会で生きたいという思いを引き出す原動力になるのです。

（2019年8月4日号日曜版　本吉真希）

二　生体実験をした「731部隊」

(1) 731部隊　発掘、政府文書

——滋賀医科大学名誉教授西山勝夫さんに聞く

約70年の時をへて現れた赤茶けた手書きの数十枚の書類。細菌戦の「731部隊」の実像に迫る〝ないはず〟だった政府文書の発掘です。2月に国立公文書館が開示を決定し、西山勝夫・滋賀医科大学名誉教授、原文夫氏（元大阪府保険医協会）に納品した「関東軍防疫給水部〃隊概況　昭和26、6、1」。細菌兵器の開発・生産を担った旧「満州」（中国東北部）の関東軍防疫給水部本部（通称731部隊）と、全5支部の部隊構成、敗走経路などを明らかにしたものです。西山氏に聞きました。

■答弁のうそ、あきらかに

——新たに何が判明しましたか。

1999年の国会で、731部隊の認識についての質疑で、政府は「細菌戦との関連を示すような資料は存在していない」と答弁。当時の野呂田防衛庁長官も「(生体実験など)当該部隊の具体的な活動状況については確認できる資料は存在していない」と答弁しました。

しかし今度の開示で、「存在していない」はずの文書がでてきたわけで、政府答弁が、うそであったことが明らかになりました。

この文書は厚生省(現厚労省)復員局留守業務部第3課が作成したものです。

731部隊の戦争犯罪(別項A)にかかわる資料がまだ埋もれていることを今回の発掘は示唆するものです。

■部隊調査はGHQ下で

――文書はハルビンにあった本部だけでなく、5支部(牡丹江、林口、孫呉、ハイラル=海拉爾、大連)の敗戦時の人員構成や敗走経路、本部・大連支部を除く捕虜やシベリア抑留の細部まで明らかにしていますね。

敗戦時の行動をまとめた「行動経過概況図」(左地図)の「防給本部」の項では「編成　昭15(=1940年)・7・10　部隊長　石井四郎中将」とあります。

「本部は開戦(旧ソ連の「満州」進攻)と共に北鮮方面に移動すべく…新京(現長春)付近南下中終戦となり、そのまま南下して釜山より船にて20・8・26仙崎(山口県北部、現長門市)、萩、米子に上陸復員を完了」となっています。

こうした７３１部隊に対する調査は、米軍中心のＧＨＱ（連合国軍総司令部）の指示・命令による可能性が大きいです。「留守名簿（別項Ｂ）関東軍防疫給水部」にはＧＨＱのスタンプが押してあり、ＧＨＱが名簿を見ていたことがわかります。さらに戦後の留守業務は千葉県でＧＨＱの下で

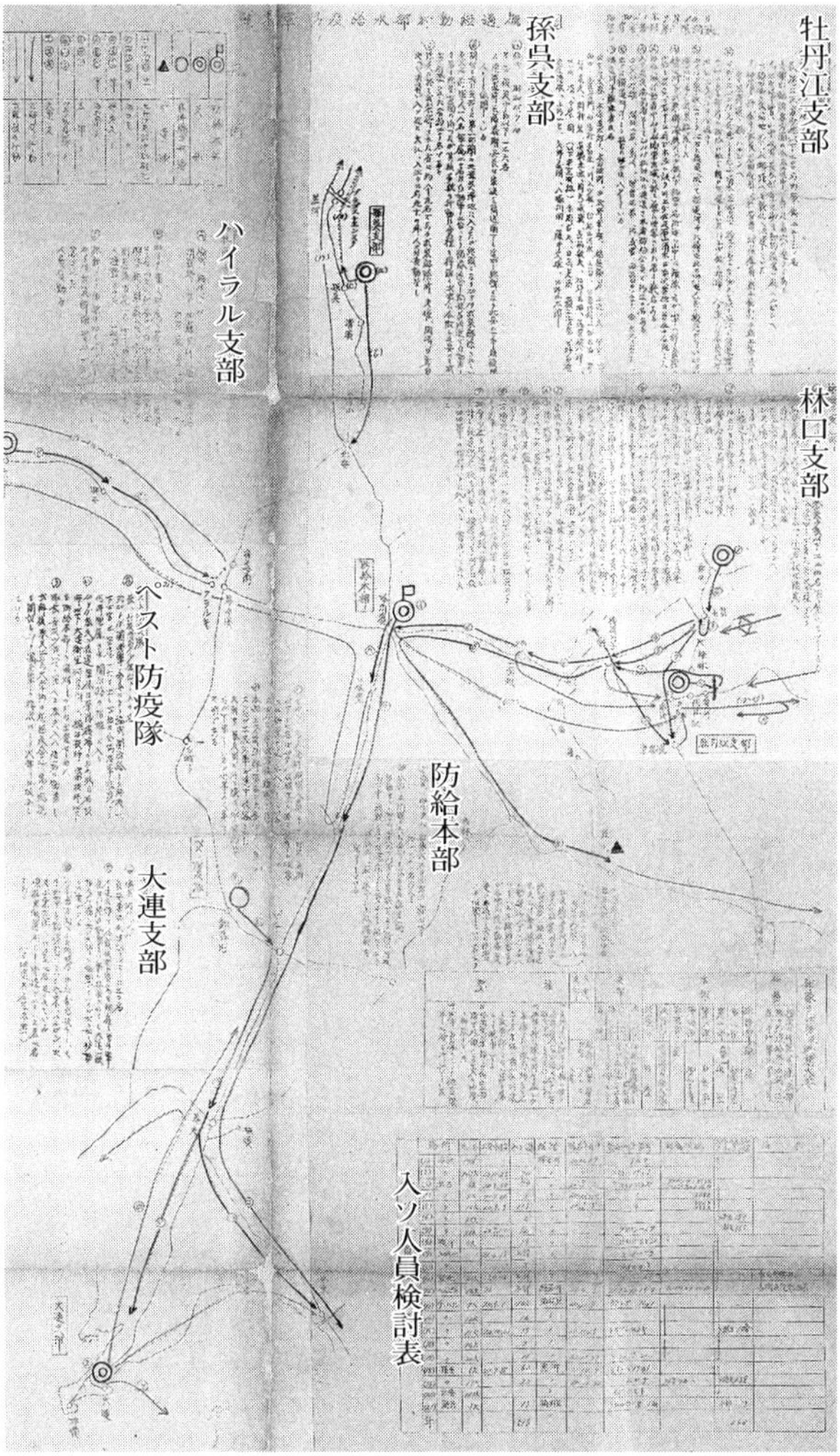

地図は「防給本部」があったハルビンを中心に、旧「満州」での敗退経路を描く。ソ連軍による「武装解除」前の行動と、その後の混乱を描いている。名称の右横に「昭和25年９月10日留守業務部第３課調製」とある

行われていたということを、厚労省担当者から聞いていますので、今後調べる必要があります。

■政府資料は全て公表を

――文書の「概況」には、「細菌の研究と生産等を実施していた」（本部）、「終戦時まで主として細菌の研究および生産」（大連支部）をやっていたと、任務がはっきりと書かれています。

感染症の予防、治療の研究が主目的ならば「細菌の研究と生産」という用語が先に出てくるはずがありません。

「特殊重要任務に服した科学部隊である下士官以下」という表現が、部隊の「特異事項」にでてきますが、その説明は見当たりません。しかし、当時、医学の分野では「特殊任務」といえば、ヒトの生体実験を指していたといわれています。

――「部隊人員統計表」には、本部が敗戦時2149人、支部含め総計3262人という新証拠が示されています。

このことから本部と大連支部の詳細な数字の隠蔽が疑われます。

私たちが、医学・医療分野での戦争犯罪を二度と繰り返させないためにも、だれも否定できない歴史の事実にもとづいて過去をかえりみることが大切です。政府の戦争資料をすべて公開させることは不可欠の課題です。

☆別項A／731部隊の戦争犯罪

現黒竜江省《こくりゅうこうしょう》の省都・ハルビン市南郊の平房に、1939年ごろまでに完成した細菌兵器開発の一大軍事基地。憲兵隊から供給された中国人などを「マルタ」と称して人体実験を行い、45年までに少なくとも3000人が送り込まれ、生存者はいませんでした。

中国では、証拠隠滅のため破壊された平房跡の発掘・保存・調査が進んでいます。また、実験材料にされた300人以上の名前が判明しています。被害者遺族が日本に謝罪と賠償を求めて提訴（1997年）。賠償は最高裁で棄却されましたが、戦争医学犯罪の認定は確定しています。

ヒトを「サル」と偽って日本病理学会で発表された「流行性出血熱感染実験」、731部隊のデータを手に入れた米軍報告書に記された炭疽、ペスト、チフス、パラチフス、赤痢、コレラなど「細菌感染実験」、「凍傷実験」、「毒ガス兵器の野外人体実験」、「細菌兵器の実戦使用」などが明らかになっています。

（新日本出版社『「軍学共同」と安倍政権』の西山論考などから）

☆別項B／『留守名簿』とは

敗戦近く、陸軍省が、陸軍大臣指定地域の部隊ごとに所属する全軍人・軍属について兵種・本籍・留守担当者の住所などを整理、保管したもの。戦後は年金支給の根拠などに使われてきました。現在は厚労省社会・援護局の管轄になっています。

にしやま・かつお　１９４２年生まれ。「戦争と医の倫理」の検証を進める会よびかけ人、軍学共同反対連絡会幹事、７３１学位授与の検証を求める会事務局長。著書『戦争と医学』（文理閣）など。資料掲載サイト https://war-medicine.jimdo.com/最新資料/

（２０２０年8月20日付　山沢猛）

（2）医学の戦争犯罪繰り返すな――開示の731部隊「名簿」教訓に

さきの戦争で人体実験と細菌兵器攻撃をおこなった陸軍731部隊（関東軍防疫給水部本部）。国立公文書館は、731部隊など3607人分の実名が記載された「留守名簿」を「繰り返すな！医学者・医師たちの戦争犯罪」を合言葉に活動する西山勝夫さん（滋賀医科大学名誉教授）に開示しました。安倍政権の「軍学共同」に反対するうえでも、過去の歴史を自省し教訓にすべきだといいます。

戦地での感染症・伝染病対策や安全な飲料水と食料を確保するという「防疫と給水」の活動は軍必須の活動でした。

京都大学医学部出身の石井四郎陸軍軍医中将を部隊長に中国・ハルビンに「防疫給水」という名目で731部隊を発足させたのは、1936年です。その4年前の32年、東京都新宿区の陸軍軍医学校に防疫研究室が設立され、責任者となりました。東京と中国の奥地に石井が指揮する二つの活動がほぼ同時に始まったのです。さらに、39年北京、南京、広州に、42年シンガポールなどにも「防疫給水部」をつくりました。

「ハルビンにいまも残る 731 部隊の建物」（高知の平和博物館「草の家」副館長の岡村啓佐さん提供）

■人体実験も

「石井機関」と呼べるネットワークです。西山さんは、次のように指摘します。

「陸軍軍医学校防疫研究室は〝頭脳〟です。７３１部隊をはじめ五つの『防疫給水部』はさまざまな人体実験をして細菌兵器などを開発していた実行部隊です。防疫研究室は、実行部隊がいろいろやった実験を解析・分析していた。それに、石井が卒業した京大や東大などの医学部・医師が加担した」

『医学者たちの組織犯罪』などの著書があり、独自に７３１部隊を追う神奈川大名誉教授の常石敬一さんは「細菌やウイルスを兵器として使用する場合、感染経路や感染方法の解明、感染力などの研究課題がある。これらの研究に人を使った実験ができれば、と感覚がまひしてしまった」とみています。

常石さんらは、防疫研究所がまとめた『陸軍軍医学校防疫研究報告』を独自入手し、分析してきました。その執筆者には、京大のほか、慶応大、長崎医大、大阪大、金沢医大、千葉医大などの研究者が多数いました。

元京都民医連中央病院病理科医師の若田泰さんは、研修医時代、京大医学部の先輩が昼休みに医局のソファで語ったことを覚えていました。「京大は戦争中にひどいことをやったことがあるんだよ」。先輩は、石井の右腕だった内藤良一らの同期でした。内藤は戦後、薬害エイズ事件を引きおこしたミドリ十字の前身、日本ブラッドバンクを創業しました。

若田さんはいいます。「当時、世間には731部隊のことは知られていないけど、一部の医師仲間内では周知だったと思います」

西山さんは若田さんらと協力して、『防疫研究報告』に載せられた論文を分析し、京大が軍医将校だった人物に学位を授与したことの検証を求める活動もしています。具体的には、戦後45年に京大により学位を授与された平澤正欣《まさよし》の、731部隊軍医将校時代の「イヌノミのペスト媒介能力ニ就テ」という論文（写真1）です。論文の「特殊実験」の項に、サルが「頭痛を訴えた」との記述がありますが、サルでなく人体実験の疑いがあるとしています。

学位授与の検証を京大に求める署名運動を展開し、19日にも要請をおこないたいといいます。

いま、なぜ731部隊の悪行に加担した医師たちなのか。

若田さんはいいます。「〝戦争だから仕方がなかった〟との論理は通用しないと思います。間違った政策に医師はノーといわなくてはいけないし、戦争になっても動じない医師の倫理を確立するためにも、負

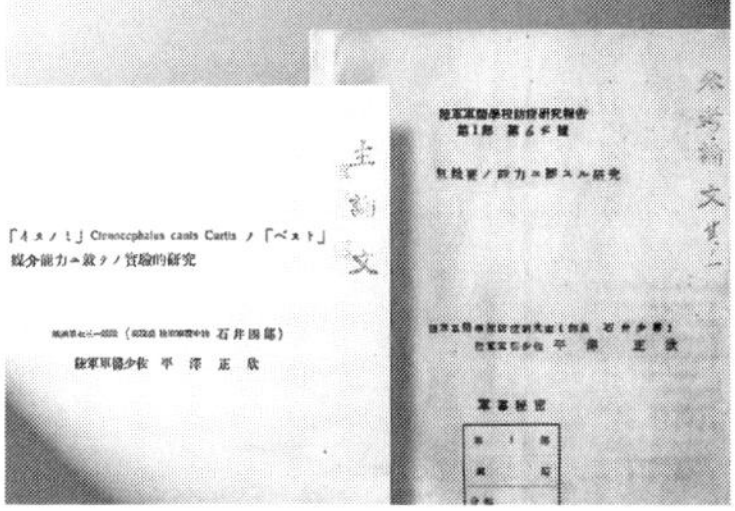

❶（国立国会図書館所蔵）

の歴史を直視する必要があります」

西山さんは「もし9条が変えられたら、『軍学共同』が本当に軍事優先となり、医学が悪の道にすすむことになりかねない」と語ります。

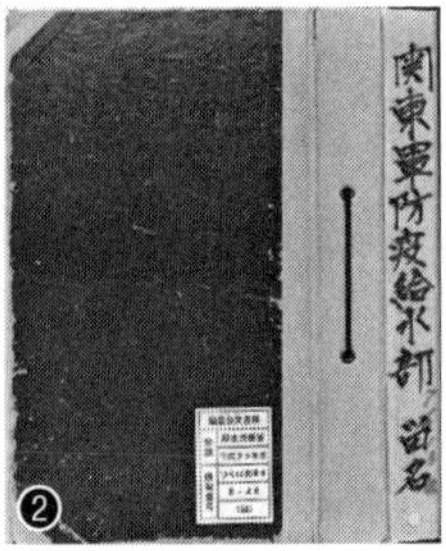

②

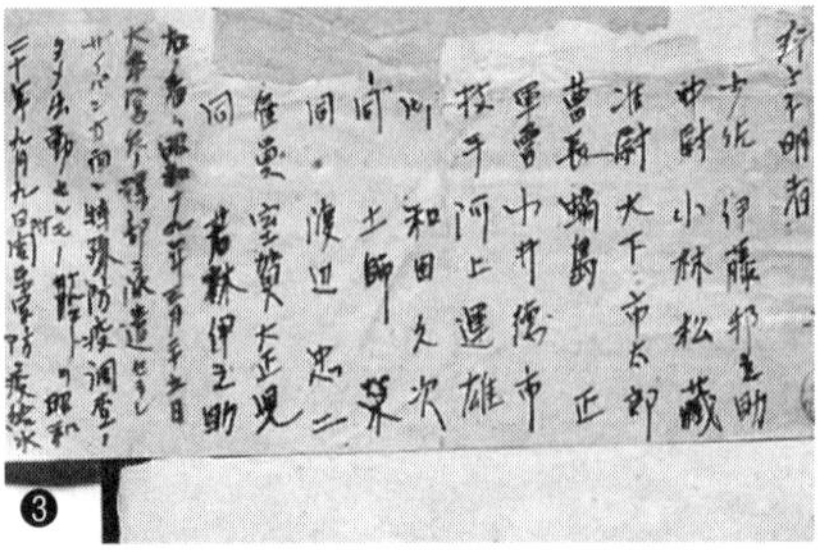

③

■多い未解明

日本政府はこれまで731部隊に関する文書、資料はないとの立場でした。今回、国立公文書館が開示した「留守名簿」（写真２）は、厚労省が保管していた戦没者等援護関係の資料のひとつです。石井機関の全体像と戦後を探る第一級の資料です。

常石さんは、「留守名簿」で注目するのは、「行方不明者」の名前一覧とそれに付けられたメモ（写真３）です。不明者は、「少佐　伊藤邦之助　中尉　小林松蔵」と続き、「曹長　蛸島正」の名前があります。

戦後につけたと思われるメモは、「右ノ者ハ昭和十九年三月二十五日大本営参謀部派遣セラレ　サイパン方面◯特殊防疫調査ノタメ出動セルモノノ◯◯……」（◯は読解できず）とあります。

常石さんはこれまでの研究のなかで、「蛸島さんがサイパンに行くので送別会をやった」との証言を得ています。

「このメモ書きは、伊藤少佐を隊長とするチームが細菌爆弾をまきに決死隊のようにサイパンに行ったことの傍証になる。『行方不明者』とあるように、作戦は失敗したかもしれない」と語ります。

西山さんらは731部隊の名簿を分析中ですが、軍医（52人）、技師（49人）、看護婦（38人）とともに、薬剤将校が20人もおり、建築将校が1人いました。

「広大な施設が設計図面もなく建設されるわけがなく、建築将校の役目も想像できます。どんな建築・建設会社が担ったのか。戦後はどうしたのか。薬剤将校の役目も解明されていません。まだまだ解明しなければいけないことがあります。諸分野の若い研究者たちに一緒に開示・分析作業をやろうと呼びかけたい」

（2018年7月17日付　阿部活士）

(3) 中国・ハルビン731部隊罪証陳列館
――「人道反する細菌戦」共通認識へ

旧日本軍による中国侵略戦争時、中国東北部黒竜江省ハルビン市郊外には、細菌兵器の研究・開発を行った関東軍防疫給水部本部、通称「731部隊」が置かれていました。現在、そこには同部隊の蛮行を展示する「侵華日軍第731部隊罪証陳列館」があります。

取材した当日は中国侵略の発端となった柳条湖《りゅうじょうこ》事件(1931年)から89年の9月18日。ハルビン市内では抗日戦争の犠牲者を追悼するサイレンが10分間にわたり鳴り響き、同館にも多くの市民が訪れていました。

出張中に時間をつくって見学に来た男性は「驚きました。細菌戦は人道に反する」と語ります。毎年9月18日に同館を訪れるという高校3年生の王瑞さん(18)は「この時の歴史は国の恥だ」と話しました。

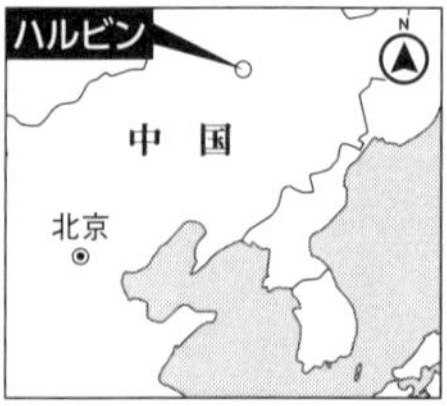

■公文書に記載

日本政府は731部隊について、「細菌戦との関連を示すような資料は存在しない」として認めようとしていません。同館の金成民館長は「日本政府が認めなくても事実が存在しないことにはならない」「日本政府には客観的に物事を見てほしい」と話します。

日中の研究者は長年、資料を発掘し、細菌戦の事実を明らかにしてきました。今年6月には、滋賀医科大学の西山勝夫名誉教授らによる研究で新たな公文書が明らかになり、そこには「細菌研究と生産を実施していた」ことなどが書かれています。

金館長は同文書について「主に戦後、日本政府が７３１部隊の内容を調査したもので、大量に細菌兵器を生産した過程を認めていることが見て取れます。非常に重要な資料です」と評価しました。

侵華日軍第 731 部隊罪証陳列館に展示される防毒マスクや実験器具

■犠牲者の名も

金館長自身も１９９７年に、捕らえた中国人らを直接７３１部隊に送る「特移《とくい》扱《あつかい》」の名簿を中国の公文書館で発見。毎年２回は日本を訪れ、資料の発掘や関係者の取材を行っています。

「生体実験の犠牲者は少なくとも３０００人以上とみられますが、発見される文書で一人ひとり積み上げ、これまでに１５４９人の名前が判明しました。こうした問題を、多くの市民が理解し、共通認識にしていくことが、日本政府に早く事実を認めさせる力になるでしょう」と語りました。

（２０２０年10月10日付　黒竜江省ハルビン市＝釘丸晶　写真も）

（4）日本軍遺棄毒ガス――敗戦時70万～200万発、回収わずか6万発

アジア・太平洋戦争の終結から75年。中国には、日本軍が敗戦時に遺棄した毒ガス兵器がいまも残り、戦後数十年もたってから被害に遭った市民が多数います。彼らを継続的に診てきた日本の医師6人らが2019年12月に訪中し、被害者34人の検診を行いました。今回初めて精神科の医師が参加し、ＰＴＳＤ（心的外傷後ストレス障害）など心の症状についても診察しました。

■激しい頭痛や記憶力低下、皮膚炎など…

「私たちはみなさんの体とあわせ、心の問題もみさせていただこうと思っています」。吉中丈志医師（循環器科）が被害者らにあいさつしました。

受診に来たのは黒竜江省のチチハルや牡丹江《ぼたんこう》など、中国東北部で被害に遭った人たちです。19年12月、チチハル市内で検診を行いました。

被害当時7歳だった高明さん(23)。２００３年8月、チチハルで死傷者44人（1人死亡）を出した毒ガス兵器による事故に巻き込まれました。

高さんは▽せきが出る▽熱が出やすい▽頻繁に風邪をひく▽頭痛がひどい▽立ち上がったとき目の前が真っ暗になる――などの症状があります。

階段で2階に上がるのもきついという高さん。いまは体調が悪く働けません。子どもが好きで、幼稚園で働いていたこともありました。磯野理医師（神経内科）に幼稚園での仕事を聞かれると、笑みを浮かべ、「また子どもの世話をしたい」と話しました。

03年のチチハル事件の発生源となったのは、毒ガス兵器を扱う日本軍516部隊の弾薬庫跡地。地下駐車場を建設中に毒ガス液が入ったドラム缶が出土し、事故が起きました。

吉中丈志さん（左）の問診に時折笑顔をみせる高明さん

廃品回収所で働いていた王成さん（39）は、毒ガス液とは知らずにドラム缶を解体し、被ばくしました。▽微熱▽著しい記憶力の低下▽強い疲労感▽せき・たん▽頻尿・下痢――など多数の後遺症を訴えます。

王さんは毎晩、排尿で4～5回起きます。不眠に加え、いまも毒ガス事故の悪夢をよく見ます。昼間も事故を思い出すと胸が苦しくなり、パニックに。

働けないため、医療費が常に心配です。14歳の長男が昨秋、糖尿病で2週間入院。「自分の体も困難だけど、子どもが一番心配」ともらしました。

04年7月、吉林省敦化《とんか》市でも事故が起きました。当時8歳だ

あいさつする医師ら（右奥）を温かく迎える被害者ら。立っている左から２人目は劉浩さん

った劉浩さん（23）は、郊外の川で友人と遊んでいたとき、日本軍の砲弾に触って被害に遭いました。現在、臨床検査技師として働きます。

■後遺症で働けず「希望持てない」

若い被害者のなかには匿名を望む人がいます。劉さんと一緒に被害に遭った男性Aさん（27）もその一人。被害者は「毒ガスがうつる」といわれ、友人や家族が離れるなどつらい経験をしました。

Aさんもいじめを受け、中学校を退学。いまはゲームセンターでコンピューターを修理する職に就きます。「経済的に厳しくて彼女と結婚できない。自分が周りに迷惑をかけているのではないか」と不安を口にしました。

日本軍が使用したマスタードガスは発がん性です。被害者1人ががんで亡くなるなか、Aさんは「いつどうなるかわからない」と強い不安を抱きます。

「被害者は体の調子が悪くなっている。誰が生活を保障するのか」。そう憤るのは牡丹江市から来た仲江さん（58）です。20歳だった1982年7月、同市の下水道敷設工事で毒ガス液の入ったドラム缶が掘り出され、被害に遭いました。後遺症の皮膚炎に悩まされています。

検診中、磯野医師に「ここ2～3年、希望を持てなくなった」と仲さん。体調が改善しない上、日中両政府による被害解決の兆しが見えず、失望感だけが増しています。

磯野医師が励ましの言葉をかけると、仲さんは深い息を一つ吐いていいました。「いくらつらくても生きていかないといけません」

戦犯追及を恐れた日本軍は敗戦時、中国の大地や河川に70万～200万発の毒ガス兵器を遺棄しました。内閣府によると2018年3月までに発掘・回収されたのは、約6・3万発にすぎません。

◇　◇

■予測される高い発がん率、検診が重要

――医師（循環器科）、「化学兵器被害者支援日中未来平和基金」理事吉中丈志さん

2018年の検診同様、被害者の著しい頻尿や下痢、疲れやすい、ふらつきなどの自律神経障害や、記憶力や集中力、判断力の低下などの高次脳機能障害はなかなか改善していません。結核や糖尿病の人も少なくありません。毒ガス被害後、仕事ができず、運動不足で肥満になり、糖尿病になるという間接的な関係があります。糖尿病になると結核になりやすくなります。

戦時中、広島県の大久野島で毒ガス製造に携わった人たちに、発がん率が高いことがわかっています。今後のことを考え、今回は被害者にがんの家族歴を聞きました。中国には日本のような健康診断の制度がありません。早期発見の点からも、検診を年に一度やる意味は大きいと思います。

大久野島でつくられた毒ガスは、チチハルやハルビンに運ばれました。毒ガス被害は日本の戦争犯罪によって起きています。

■誰にも相談できない感情鬱積――医師（精神科）原澤俊也さん

僕は27人を診察しました。５人は被害のとき子どもでしたが、いまはほとんどの方が自分の生きる道を見つけ、現状に適応している印象を受けました。

一方、被害時に現役世代だった方々ほぼ全員に、ＰＴＳＤやうつ病の症状を認めました。被害に遭い、働けなくなったことを、まるで自分の責任のように捉えてしまうなど苦しんでいました。突如、強い怒りや悲しみが込み上げ、当たり散らしてしまうという症状も見られました。

ある50代の男性は睡眠中、急に穴に落ちる夢を見て目覚めることが頻繁にあるといいます。これでは心が休まらず、先行きへの不安が募るばかりでしょう。

「自分の気持ちを言葉で表すことができない」と話す方が目立ちました。被害者は差別や偏見によるつらい気持ちを誰にも相談できずにいました。そのために感情が鬱積し、複雑化しすぎて自分の気持ちすら言葉にできなくなってしまったのでしょう。

事件が残した心の傷は果てしなく大きいと感じました。定期的かつ継続的なカウンセリングが必要です。その実現には地元医療機関の協力が必須で、今後の大きな課題です。

■日本政府は被害者支援に予算を

被害者の検診は、ＮＰＯ法人「化学兵器被害者支援日中未来平和基金」（代表・淡路剛久立教大学

名誉教授）が、中国側の病院や市民の協力を得て行っています。２００６年から中国で始めた定期検診は、今回で9回目。薬代の補助として被害者一人ひとりに支援金を渡しました。

日本政府は、中国で発見された遺棄化学兵器の無害化処理を行っています。予算はここ5年間、毎年３００億円を超えています。弁護士の南典男・同基金事務局長は「予算の1％でも被害者に使うべきだ」と強調。日本政府に、困窮する被害者の医療と生活を支援するよう訴えます。「戦時中、化学兵器の製造に関与した企業は、人道的・社会的責任を果たすべきです」と語ります。

ＮＰＯ法人「化学兵器被害者支援日中未来平和基金」ホームページ https://www.miraiheiwa.org

（２０２０年2月2日号日曜版　本吉真希）

三　日本軍「慰安婦」犯された人権

（1）涙、痛み、人生知ってほしい

——日本軍「慰安婦」被害者の宋神道さん

よく笑い、よく歌い、いつも人を楽しませた宋神道《ソンシンド》さん。それでも、ふとこぼした涙の裏には、日本軍「慰安婦」を強いられた悲しみや悔しさが深く刻まれていました。被害を訴え、戦後を生き抜いた宋さんを記憶する「となりの宋さん」巡回展が各地で始まっています。

宋さんは自身の被害を裁判に訴えた唯一の在日朝鮮人です。写真は提訴を決意した１９９２年秋から、亡くなる2週間前に95歳の誕生日を祝った２０１７年冬までの約80点です。

宋さんは１９２２年、朝鮮半島中西部に生まれました。16歳のとき、母の決めた結婚に耐え切れず逃げ出しました。直後に宋さんはだまされ、中国に連行されました。

今年1月下旬、東京都立川市で巡回展が開かれました。４日間で５００人近くが来場し、子ども

と語りながら見る父母の姿もありました。谷口和憲・同展実行委員会代表は「写真を展示すると独特の空間がつくられ、力を感じた」といいます。

谷口さんは「事実上の人身売買だった公娼《こうしょう》制度が、日本軍『慰安婦』制度の基盤にあり、現在の買春問題や性産業につながっている。現状を変えるために『慰安婦』問題は重要です。宋さんのことを多くの人に知ってほしい」と話します。

写真は、宋さんを長年支援してきた「在日の慰安婦裁判を支える会」のメンバー3人が撮影したものです。愛犬との日常や裁判敗訴の一報に泣いた瞬間、支援者に囲まれ、韓国やフィリピンの被害者とたたかった姿などが写し出されています。

1998年、韓国へ戦後2度目の里帰り。ソウルの日本大使館前の水曜デモにはじめて参加した。75歳（撮影・川田文子さん）

慰安所で源氏名の「金子」と入れ墨を彫られた腕の写真も。宋さんは戦後、銭湯で入れ墨を見られるのが恥ずかしく、針を刺して消そうとしましたが、痛くてあきらめました。日本兵に心中を迫られたときに切りつけられた刀傷は、当時の恐怖をいまに伝えます。

宋さんは日本兵の子どもを5人妊娠しました。うち一人は妊娠7カ月で死産。逆子の胎児の足を自分で引き出し、埋葬しました。出産した2人は中国で人に預けるしかありませんでした。

写真を撮影した一人、文筆家の川田文子さんはいいます。「宋さんが受けた被害のなかで、5人の子どもを育てられなかったことは大きい」。宋さんは中国「残留日本人孤児」が肉親探しに来日すると、自分の子がいるかもしれないとテレビの映像をずっと見ていたといいます。

■生前語った反戦

「宋さんはすさまじい人生を歩んだ」と川田さん。宋さんは終戦までの7年間、日本軍の性奴隷とされました。日本の敗戦時には、軍人からの求婚を信じて日本へ来ましたが、すぐに裏切られました。走る列車から身を投げ、助けられた宋さんはその後、宮城県女川町に定住しました。

11年の東日本大震災で、女川の自宅を津波に流されました。1年半後に訪れると、自宅前にあった桜の木が残っていました。「宋さんは桜の花が咲けば、枝をもいで家に飾っていたの。それが残っていたので喜んでいた」と川田さんは振り返ります。

宋さんは生前、こう語っていました。「だから戦争はね、再び起こさないでな。戦争のためにみんな犠牲になったんだから。そうでしょう?」

（2020年3月1日号日曜版　本吉真希）

（2）「慰安婦」問題・性暴力とたたかう

――wam館長渡辺美奈さんに聞く

戦後75年のこの夏、wam（アクティブ・ミュージアム「女たちの戦争と平和資料館」）では、特別展「朝鮮人『慰安婦』の声をきく～日本の植民地支配責任を果たすために」を開催しました（2020年11月末まで）。女性たちの証言から何が見えてくるのでしょうか？　館長の渡辺美奈さんに聞きました。

渡辺美奈さん

戦争がない世紀をつくりたいとの願いもむなしく、今も世界中で武力紛争が続き、女性たちは性暴力を含めたさまざまな恐怖にさらされています。

■性暴力残酷に

女性たちへの差別と暴力は、平和な状況下でも存在しますが、武力紛争下ではエスカレートしてより残酷になります。国連の特別報告者として、戦時性奴隷制について報告したゲイ・マクドゥーガルさんは、「戦時性暴力をなくすのに何が必要か？」との質問に、「女性に対する暴力をなくすこと、そして戦争をなくすこと」と答えました。どちらも壮大なテーマですが、一歩一歩変えていくしかありません。

２０１８年のノーベル平和賞は、武力紛争下での性暴力とたたかう2人に贈られましたが、受賞スピーチで印象的だったのは、性暴力の加害者を裁くこと、正義を実現することを国際社会に求めたことでした。武力紛争下で性暴力を受けて、どうにか生き延びたとしても、その被害を告発するのは極めて困難です。平和がなければ、法が機能していなければ、女性にとって告発は死を意味しかねません。

加害者は圧倒的な力関係を背景に、被害者に沈黙を強います。それは「平和」な日本でも同じです。「平和」とカッコでくくったのは、性暴力被害を受けた女性たちにとって「平和」とは何か、いつも立ち止まって考える必要があると思うからです。

性暴力は、訴えても起訴されない、起訴されても有罪にならないなど、日本では加害者が裁かれるまで高い壁があります。加害者は、告発した女性にさまざまな手段で報復する可能性があり、恐怖はいつでも付きまといます。苦しみを背負わされたサバイバーが、さらに不安や恐怖を感じて生きなければならない、そういう社会のありようを変えていく必要があります。「慰安婦」問題に関する活動をしていて感じるのは、この加害者を裁くことに対する認識の弱さです。一般に、謝罪や賠償、教育などが被害回復に必要なものとされますが、「これほどひどいことをした人が裁かれないままでいいはずがない」という正義への思いは、日本では不可能なものとして聞きおかれてきました。処罰は再発防止だけが目的ではなく、被害者には、正義への権利があります。

■責任問い直す

韓国の姜徳景さんは、「慰安婦」にされた被害体験をもとに数々の絵を遺しましたが、その一つが「責任者を処罰せよ――平和のために」でした。朝日新聞記者で女性活動家だった松井やよりさんは、この絵のメッセージを受けとめて、「日本軍性奴隷制の責任者を裁く女性国際戦犯法廷」（２０００年、東京）を提案しました。アジア太平洋に広がった性奴隷制を立案し、実施させたのは誰か、責任が問われるべきトップは誰だったのかを明らかにした民衆法廷でした。昭和天皇をはじめとした軍高官10人を有罪としたこの法廷から20年たって、公務の中で犯罪行為を指示した者の責任を問わない体質が今も続いていることに、戦後を問い直す必要性を強く感じます。

アクティブ・ミュージアム「女たちの戦争と平和資料館」金・土・日・月の午後１時～６時開館（東京都新宿区西早稲田２―３―18、地下鉄東西線早稲田駅５分）。入館料500円。問い合わせ＝電話03（3202）4633

そもそも明治以降の日本の近代とは何だったのか。ｗａｍでは昨年3月から、日本の朝鮮植民地支配をジェンダーの視点からみる特別展を開催しています。「慰安婦」として被害を受けた朝鮮女性１８９人の証言から読み取れる、圧倒的な貧困と脆弱な立場は、植民地支配下での暴力と搾取の構造、日本が持ち込んだ公娼制や性差別の実態を知る必要があります。そういったシステム導入の最高責任者として明治、大正、昭和の天皇がいたのです。
wamでは、エントランスで179人の女性たちの顔写真が人々を迎えます。戦争を生き抜き、戦後の貧困や差別も生き抜き、50年たってやっと、日本軍から受けた性暴力被害を告発することができた10カ国の女性たちのうち、さらにwamで写真を展示することを了解してくれた方々です。このまなざしの背後には生き抜くこと、語ることができなかった無数の女性たちがいることを忘れてはなりません。

（2020年8月15日付　手島陽子）

（3）マレーシア、シンガポールにみる「慰安所」

アジア・太平洋戦争開戦から78年。安倍晋三首相は、日本軍「慰安婦」問題で、いまだに謝罪と反省に背を向けています。しかし、侵略した国や地域で軍の管理の下で「慰安所」を開設し、多くの女性の人権を奪い「慰安婦」を強制していた事実は隠すことはできません。マレーシアとシンガポールに、その実態をみました。

■「軍票」流通

日本軍「慰安所」の跡は、マレーシアの各地にいまも残っています。

西海岸のペラ州の歴史ある街・イポーで、「慰安所の客や女性にコーヒーや紅茶を運んでいた」という、中国系マレーシア人の梁偉鳳さんが証言しました（2018年当時、89歳）。10代前半に働いていたコーヒーショップの建物の、通りを隔てた向かいに、日本軍「慰安所」跡の4～5棟が並んでいます。

「左端が百花楼でここがいちばん高い特別なところ。あとは彩花楼、萬花楼、聚花楼という慰安所があった」

建物の前に、横書きで「百花楼」とあり、縦書きには、赤い文字で「M」（ミリタリーの意か）、

マレーシアのイポー市街地にある日本軍「慰安所」跡の建物群。左端が百花楼だった２階屋。右へ彩花楼、萬花楼、聚花楼など。慰安所は２階屋だったが変わった所も。手前後ろ姿は証言する梁さん

「慰安所」の記録が残る主な街

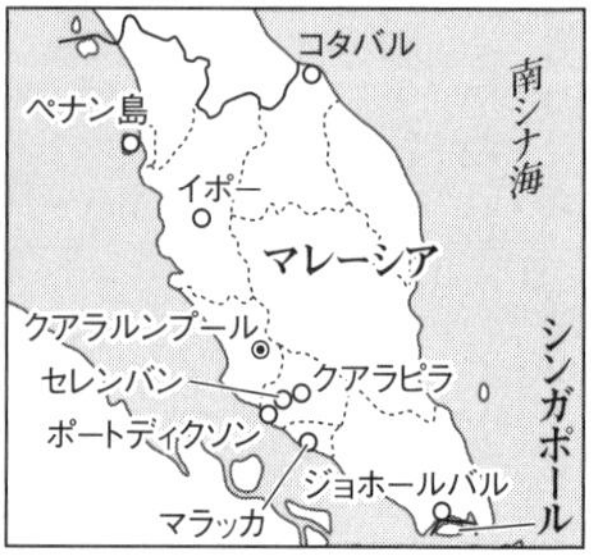

その下に「軍用慰安所」と日本語で書いてありました。

「一つの建物に10人ほど、みな中国系で20～30代で広東語を話していた。マレー系やインド系はいなかった。客は軍服を着た日本人で、マレー人などは入れなかった」といいます。イポーには歩兵第256連隊本部が置かれていました。

「私はコーヒー、紅茶のほか、焼きビーフンなどを出前した。どこも1階は応接室で、2階に4部屋あった。2階の何号室といわれて、ノックして中に注文品を入れた。コーヒーとビーフンは、1バナナドル、チャーハンがだいたい3バナナドルだったと思う」「軍から米が来ていて材料には困らなかった」

バナナドルとは、軍政下で日本軍が正貨に代えて流通させた「軍票」です。敗戦で無価値になり住民は苦境に追い込まれました。

「1週間か10日ごとに、彼女たちの身体検査があった。半袖ブラウスの格好で通りを歩いて病院までいった」。軍の慰安所では「検梅」といわれる性病の定期検査がありました。

■虐殺が激発

英領だったマレー半島は日本軍の占領後、軍政が敷かれ、1943年からシンガポールに置かれたマレー（馬来）軍政監部が半島全体を管轄していました。この軍政監が制定した「慰安施設及旅館営業取締規定」に「稼業婦に対し毎週一回検黴《けんばい》を行うべし」（第21条）という規定があります。梁さんの「1週間か10日ごとに」という証言と符合します。

なぜ日本軍は、占領するとすぐに「慰安所」を設置したのか――。それは第2次上海事件から1937年に南京大虐殺をひきおこす南京城占領にいたるまで、中国各地で住民の虐殺、強姦《ごうかん》が激発し、深刻な反日感情を「激成」させたからでした。マレー半島ではその「教訓」から軍が駐屯する都市などに「慰安所」を設置したのです。しかし、中国系住民への殺りくはつづき、強姦事件はあとを絶ちませんでした。

■500人超虐殺

占領下のマレーシアでは、主に現地の女性が集められて、各地に慰安所が設けられました。このうち、首都クアラルンプールに近い、ネグリ・センビラン（森美蘭）州を占領していた日本軍が、地元の住民団体に「慰安婦」の提供を強要、大規模な住民殺害（「敵性華僑狩り」）の直後に、「慰安所」を開設していました。

州都セレンバン東方のまち、クアラピラには1942年2月、第5師団（広島）歩兵第11連隊第

7中隊の約90人が駐留していました。同中隊の公式記録である「陣中日誌」が87年、林博史関東学院大学教授（日本現代史）によって防衛研修所図書館で発見されました。

その記述によると、42年3月3日から州内各地で「華僑粛清」にあたり、584人を銃剣で刺殺し、280人を憲兵隊に引き渡しています。刺殺された人には抗日ゲリラは含まれておらず、多くがゴム園に住んで働いていた住民と家族でした。

クアラピラ治安維持会の会長代理だった李玉旋さんは当時の体験を、林氏らに証言しました。

——地元の若い女性が日本兵に乱暴される事件が頻発、そこで中隊に女性の保護を申し入れにいった、ところが中隊長は、安全確保のかわりに女性の差し出しを要求した。治安維持会で相談して地元の30歳代の女性数人を集めて軍につれていったところ、仲介者がいきなり殴られた、彼女たちが年を取りすぎていることが理由だった。

李さんは自分が首を切られるかもと心配し、友人と2人で首都に行き、歓楽街で知人の女性に頼んで17歳から24歳までの中国人13人を「招待所」で働くということで集めてもらった。途中、州都セレンバンで娼婦《しょうふ》ではない5人を加えた。

町の端の建物を使った「招待所」と、中隊のそばにあった州のサルタン（統治者）一族の屋敷を利用した「慰安所」の二つに分けて18人を収容したが、すべて中国人だった。招待所が将校や憲兵用、慰安所が一般兵士用だった。彼女たちは外出を禁じられていて、李さんが買い物を頼まれた。「早く帰りたい」と泣きながら訴えられたことが何度かあったという。女性たちには治安維持会が1カ月分ずつ日本の軍票（バナナドル）で支払ったという——。

■刺殺と同時

第7中隊の「陣中日誌」には、「不偵（＝不逞）分子」刺殺の記述のすぐあとに、「本日ヨリ慰安所開設セルヲ以テ午後一般ニ休養セシム」と書かれていて、住民虐殺と「慰安所」設置をほぼ同時にすすめたことが裏づけられます。

第7中隊長と小隊長2人は戦後、戦犯裁判にかけられ、住民虐殺の罪で死刑になっています。

林氏は、虐殺の一方で、地元住民に女性の世話を命じていたことは、「被害者を同じ人間として認めていなかったわけで、根が共通している」といいます。

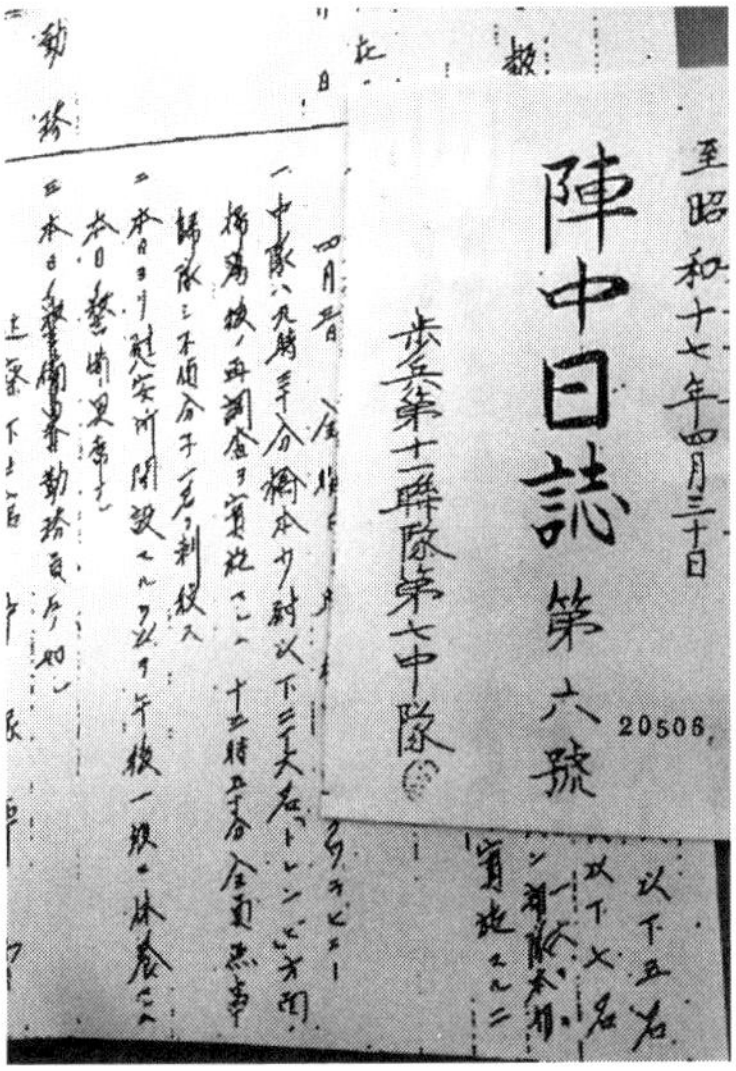

第5師団（広島）歩兵第11連隊第7中隊の『陣中日誌』。1942年4月3日に「一名ヲ刺殺ス」の後に「本日ヨリ慰安所開設」とある

■軍属の証言

シンガポールが日本軍に占領されるのは、1942年2月15日ですが、早くから「慰安所」が開設されたことがわかっています。

改称された「昭南特別市」の幹部だった篠崎護氏は、軍兵站《へいたん》部がさっそく慰安所をつくったと証言。加えて「英国人は植民地を手に入れると、まず道

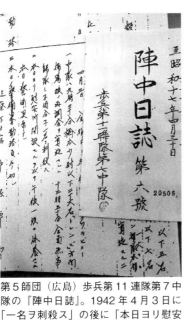

路を整備した。フランス人は教会を建てた。スペイン人は、教会を持ち込んで金銀を持ち出して行った。そして日本人は料亭と女を持ち込んだ」との現地人の言葉を紹介しています。（『シンガポール占領秘録』原書房、１９７６年）

どのようなやり方で女性が「慰安婦」にされたのでしょうか。

今は観光地の、セントーサ島に駐留した部隊に通訳として配属された、軍属の永瀬隆氏の証言があります。

――１９４２年11月になってから朝鮮人女性12～13人が送られてきて「慰安所」が開設された。島には近衛連隊の歩兵大隊がいて、その隊長が「朝鮮人の慰安婦がこの部隊に配属になるから、日本語教育をしてくれ」といわれた。なんで通訳がやるのか、と思ったが仕方がないので、女性たちに日本語を３、４回教えた。兵隊でない永瀬氏が「あんたたちはどうしてここに来たんだ」と聞いたら、「実は私たちは、昭南島の陸軍の食堂でウエートレスとして働く約束で、支度金を１００円もらって軍用船でここに来たんだけど、着いた途端におまえたちは慰安婦だといわれた」と答えたという。（雑誌『ＭＯＫＵ』１９９８年12月号の高嶋伸欣氏との対談）

若いインドネシア人が「慰安婦」にされたという証言は複数あります。シンガポール元社会問題担当相オスマン・ウォク氏は「赤旗」特派員に語りました。（92年２月14日付）

■悲鳴を耳に

――戦争中、港湾局で働いていたが(44年中頃)、インドネシアからたくさんの「ロウムシャ」が船で運ばれてきた、そのなかに白い制服を着た16～20歳ぐらいの少女たちが約30～40人くらい混じっていた。「看護婦になるためにきた」といっていた。しかし、市内の「慰安所」に連れて行かれた。日本が戦争に負けて、カタン・ロードの慰安所から彼女たちが逃げ出してきて「慰安婦として働かされた」と。

上：元「慰安所」の一つ、「ちぶね」(千船か)と見られる建物。「ひのもと」という食堂が併設され、日本軍の野戦自動車隊や警備隊が利用していた＝シンガポール市内
下：現在は観光地になっているセントーサ島のビーチ。占領時には近衛連隊歩兵大隊が駐留＝同市内

同じく、「昭南博物館」にいた英国人E・J・H・コーナー氏は、日本の兵営のそばを通るとき、彼女らがジャワ語で「助けて」と悲鳴をあげるのを、通行人が耳にして胸がしめつけられた、と記しています。(『思い出の昭南博物館』中公新書、1982年)

シンガポールのリー・クアンユー前首相は、92年に来日して講演した際、占領から4週間もたっていない時期に「慰安所」が市内にあり、順番を待つ日本兵の長い列を見たことがあると語っています（「朝日」同年2月13日付夕刊）。

リー氏はシンガポールでの住民虐殺「華人粛清」にふれて、「日本人は我々に対しても征服者として君臨し、英国よりも残忍で常軌を逸し、悪意に満ちていることを示した」と『回想録』で告発しています。

（２０１９年12月23日付　山沢猛）

四　日本軍の支配下で何が――今も残る傷痕

（1）皇民化教育ですっかり軍国少年に

――日本兵だった台湾人・在日台湾人呉正男さん

アジア・太平洋戦争の終結から75年。在日台湾人の呉正男《ごまさお》さん（93＝神奈川県）は「日本兵」として先の戦争に志願し、終戦（8月15日）直後、ソ連に強制抑留されました。日本政府は謝罪も補償もしていません。台湾人が「日本人」として従軍したのは20万人以上。3万人以上が戦死しました。その知られざる実態は……。

日清戦争の結果、日本が台湾を植民地にしたのは1895年。それから32年後の1927年、呉さんは台南州斗六《とろく》に生まれました。

呉さんの父親は台湾人では少数の役人として、日本人の教育行政官の下で働いていました。37年の日中全面戦争後、日本は台湾の日本化をより強める皇民化政策を推進。40年に「改姓名」（姓名

在日台湾人　呉正男さん

を日本式に改めること）を実施しました。呉さんは「おやじは立場上『大山』に改姓した」と語ります。

■陸軍入隊、特攻志願、シベリア抑留

呉さんは日本人向けの小学校で学びました。皇民化教育を受け「憂国の軍国少年になった。教育の影響が大きい」と振り返ります。小学校卒業後、日本人優先の中学校を受験するも2年続けて不合格。41年4月、父の勧めで東京の私立中学に単身で留学しました。

戦局悪化の中の44年3月、呉さんは16歳で陸軍特別幹部候補生を志願しました。「日本を守らないといけないと思った」からです。年末、茨城の滑空飛行第一戦隊に配属され、私物や遺書を家族に送るよう指示されました。呉さんは重爆撃機の通信士でした。

その後、現在の北朝鮮の宣徳飛行場へ移動。日本の敗戦が色濃くなった45年6月頃、呉さんらは神社に集められ、特攻出撃の意識調査を受けました。

「『志望』『熱望』『熱烈望』のどれかに丸を付けるものでした。ついに順番が来たと思った。僕を含めほぼ全員が『熱烈望』だったそうです。避けられない、とみんな覚悟したからです」

呉さんが入隊した機上通信士養成中隊は、同期生２４００人から選抜された２００人。「同期生の羨望《せんぼう》の的でしたが、それは『消耗品』を意味しました。戦隊に配属されてからもずっと、訓練中にいつ飛行機が落ちるかと死を覚悟していました。戦力が足りないからと少年兵を集めてたからね……」。そう言って黙した呉さん。「（同中隊の通信士のうち）朝鮮人１人を含む約15人が戦死した」と語りました。

終戦直後、北朝鮮でソ連軍の捕虜となりました。シベリア鉄道で23日後に着いた先は中央アジア・キジルオルダ（現カザフスタン）の収容所でした。「思い出したくない」という過酷な抑留生活。冬は氷点下25度の半砂漠地で左足の小指が凍傷になりました。ダム用水路の土木作業や電柱設置などの重労働。食事はわずかで、ロバの尿で湿った地面に生える雑草を食べ、飢えをしのぎました。

「憂国の軍国少年」だった頃の呉正男さん＝1944年

■戦後は「外国人」扱いで差別

47年7月、シベリアから京都・舞鶴港に帰還。約60キロあった体重は41キロになっていました。抑留中も「日本人」を通してきました。しかし帰還すると外国人登録令で〝外国人〟になりました。

そのため、元抑留者に特別給付金を支払うとしたシベリア特措法（２０１０年成立）は対象除外に……。日本人に限定した「国籍条項」があったからです。

日本のために志願した呉さん。「どうして差別するのか」と憤ります。「よく台湾人は親日で、日本時代の台湾はよかったといいます。しかし差別がなかったわけではない」

実際、中学校や台北高等学校、台北帝国大学の合格率は台湾人と日本人で大差をつけられていました。給料でも「60％の加俸があった日本人の公務員と、おやじとでは大きく違った」と話します。

東京・奥多摩の山中に日本人が建てた「台湾出身戦没者慰霊碑」があります。呉さんは10年前から毎年5月のお参りに携わっています。

呉さんには願いがあります。それは、台湾人戦没者の追悼碑をもっと日本人に建ててほしいということです。

「台湾には台湾人が建てた日本人の像や碑がいっぱいある。日本において、日本人が建てた台湾人戦没者の碑が奥多摩と沖縄にしかないのは、おかしい」

◇　◇

■「日本統治時代はよかった」という言葉の向こう側の思い――台湾の植民地支配は穏健だった？

京都大学大学院教授（植民地教育史・台湾近代史）駒込武さん

日本は台湾を１８９５年から51年間、統治しました。台湾の植民地統治は朝鮮に比して穏健だったというイメージがつくられていますが、それは間違いです。徹底した差別と、異議申し立てを封じる専制的統治が、より極端な形で実現されていました。

日本人が主に通う中学校には定員中、台湾人は1割以内という内規がありました。入試に隠れた定員があることは、男女で合格基準に差があったとして大問題になった東京医科大学などのことを見ても明らかなように、許されない差別です。

統治から3年後に制定された保甲条例は、戦争中の日本の隣組のような組織をつくりました。一人でも抗日武装蜂起に参加すれば、全員連座制で処罰しました。匪徒《ひと》刑罰令は、数人が集まって議論しただけで死刑にしました。実際に何千もの人が匪徒刑罰令により処刑されました。名前がわからないまま処刑された人も多くいました。

台湾統治は初期の段階で、徹底した武装解除と民衆監視システムを設け、武器を持って立ち上がることを困難にしたのです。

そうした中でも、台湾関係予算を審議する権限を求める台湾議会設置運動が、十数年にわたって展開されました。しかし1935年に認められたのは台湾議会ではなく、議決権のない地方議会でした。翌年には、軍人を台湾総督に任命する武官総督制度が復活し、台湾人として権利獲得を求める運動は暴力的に抑えつけられました。

30年代初め頃から神社参拝が徹底され、日本への忠誠をそれまで以上に求めました。学校単位の神社参拝に反対したキリスト教徒は、弾圧の対象とされました。

差別と脅しにさらされ続ける中で、40年代になると台湾人の中に、差別があるからこそ日本に忠誠を誓って存在を認めてもらおうといった心理状態が起こります。

台湾ではよく「日本時代はよかった」という話が出ます。しかしよく聞くと、戦後、中国大陸から来た蒋介石の国民党政府の下で「再植民地化」ともいうべき現実に直面し、つらい思いをしたことを訴えたいことが多いです。逆説的ではありますが、あれだけ「日本人になれ」といわれたのに、戦後あっさり見捨てられたことへの怒りが込められていると感じることもあります。

私たちはアジア民衆との連帯というと日本・朝鮮・中国という流れを考え、台湾のことを無視してしまいがちです。入試における隠れた定員など、台湾で長期にわたって続けられた日常的な差別と暴力を、植民地支配の問題としてとらえ、反省する必要があります。

日本は台湾を「近代化」したという人もいます。しかし台湾人で教育学者でもあった林茂生（りん・もせい＝１８８７～１９４７）は当時、それを教育の条理に即して否定しています。「近代教育は、内側から個々人を発達させることを目的としている。同化とは、望まれもしない外側からの基準を押しつけようとするものである」。１９２９年、留学先のアメリカで記した学位論文の一節です。

◇　◇

■シベリア抑留　進まない実態解明

１９４５年８月23日、旧ソ連軍最高司令官のスターリンが「極秘指令」を発しました。ソ連再建の労働力として日本兵の使役を命じたのです。抑留は国際法違反。日本政府も天皇制を守るため国民をソ連に差し出しました。

両政府の思惑が重なり、兵士や民間人60万人余が極寒のシベリアやモンゴルで、伐採や鉄道敷設を強いられました。約6万人が死亡したとされます。

元抑留者は「全国抑留者補償協議会」を結成（79年）。抑留中の労働賃金の支払いなどを求め、ねばり強くたたかいました。２０１０年6月、元抑留者への特別給付金支給や実態解明を柱とする戦後強制抑留者特別措置法（シベリア特措法）が成立。同会は「実態解明、次代への継承など本格的な国の事業はこれが始まり」とする声明を発表しました。

特別給付金（25万～１５０万円）は13年までに、約6万9千人に支給されました。

シベリア特措法の成立から10年。同法が政府に課す、抑留中死亡者の調査や遺骨収集、追悼や後世への継承は進んでいません。遺骨返還は約2万体にとどまり、遺骨の取り違えも起きています。

（２０２０年8月23日号日曜版　本吉真希）

(2) シンガポール「華僑粛清」――父・おじが日本軍に奪われた

シンガポール人の沈素菲《シムソーウイー》さん(84)は、7歳のときに日本軍がシンガポールを占領し「昭南島」と呼んだ軍政の「3年8カ月」を体験しました。8月16日にシンガポール市街での集会で、高嶋伸欣琉球大学名誉教授をはじめ「東南アジアに戦争の傷跡を訪ねる旅」一行を前に、自らの体験を中国語で語りました。証言は会場での同時通訳にもとづいています。

「日本が占領を開始した2月15日に、『血債の塔』が立つ広場で毎年開かれる追悼式に参加してきました。そこで献花をみて日本人のグループが毎年来ていることを知り、私から声をかけたことで交流がはじまりました」

1941年12月、太平洋戦争の開始とともに、英領のマレー半島に日本軍が上陸し、翌年2月8日にはシンガポールに攻撃を開始しました。

「旧正月の準備で忙しい時期で、戦争が始まるとおいしいものは食べられないので、今のうちにと食べられるものは食べてしまおうとしていました」

「占領のわずか3日後に、私の父とおじさんが日本軍に捕まりました。どこに連れて行かれたのかわかりませんでした。戦後になって中華総商会の人たちが住民の虐殺について調べ、新聞で報道されて初めて父の死を知りました」

一家は市街地の中心部に住み、父は大きな銀行の行員でした。

■母も亡くなる

「母は父が連れて行かれてから心の病にかかり病気にもなり、薬がなく、10カ月で亡くなりました。仲のよい夫婦で、写真館で写真を撮るときには母の髪を父がいつもとかしていました」

「戦争が私の家庭を壊しました。この家族の写真をみてください。日本軍は戦闘中ではなく、戦闘が終わってから、父たちを『華僑粛清』で殺したのです。これは間違っています」

家族の写真を掲げて証言する沈さん（右）と、高嶋氏＝2109年8月16日、シンガポール市内

憲兵支配のもとで怖かったことを聞かれ、「友達の兄が拷問にあいました。水をたくさん飲まされて、膨らんだおなかに軍人が飛び乗ってくる、聞いていて恐ろしかった」

「私の13歳の兄はマレー半島のジョホールから海峡の橋を渡り戻る途中、日本兵にびんたをされ、暑いなか数時間立たされました。日本兵に敬礼をしなければならないことがわからなかったからだと思います」

父母が亡くなり残されたきょうだい3人（兄、沈さん、妹）を、おばが引き取ってくれました。

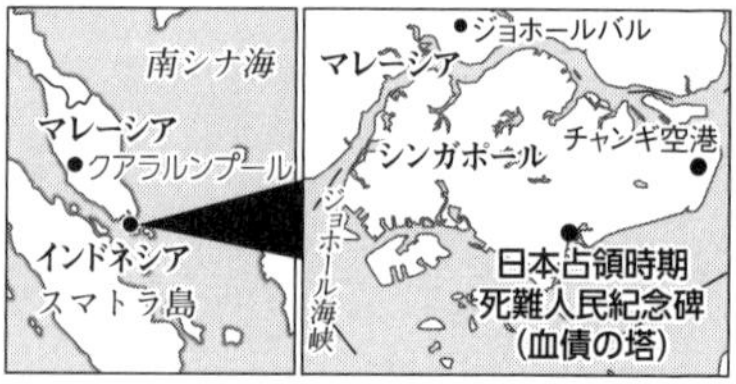

「生活が苦しくて、私も2年間荷物を商店に運ぶ仕事をし、そのあと掃除の仕事をしました。掃除のとき、クーリー（苦力、力仕事の人夫）の運ぶ米袋からこぼれたお米をかき集めて、家で米粒をえり分けて食べました」

「お金がなく、親戚が友達や知り合いに生活費の寄付を募り、おばに渡しました。その時の名簿を今も持っています。私は教育を受けたことがありません。妹が学校の宿題をやっているのを隣でみていて勉強しました。中国語は独学でマスターしました」

「おばから服のつくり方を学んだこともあります。チャイナドレスをつくってもらい、それを着て出かけたときはうれしかった」

■使えない軍票

軍政のつらい時代を経て日本が負け占領が終わったとき、11歳でした。

「とてもうれしかった。でも、ためてきた日本の軍票が使えなくなったのです。私は軍票(*)の入った箱をかかえて泣きました。シンガポールではどこの家にも似たような話はあります」

「あの戦争は日本の政府がやったことです。しかし占領下で、数万人の住民が『大検証』という粛清で殺された事実を日本の民衆は忘れてはいけないと思います」

「ニュースで日本の新しい天皇が、深い反省の上に立って再び戦争の惨禍を繰り返さないことを切に願うといったと聞き、大変うれしく思います。（安倍政権について聞かれ）日本で安倍政権が長く続くことはいいことではありません。目を覚まさせてほしい。二度と戦争を起こさないことが何より大事です。そのために教育を通じて次の世代に引き継ぎ、平和に向かって進んでほしいと思います」

（＊）軍票＝軍が戦地や占領地で通貨に代えて発行した紙票

〈シンガポール「華僑粛清」〉

シンガポール占領の3日後に、日本軍司令官・山下奉文《ともゆき》中将が、中国系住民の「掃討作戦命令」を出します。「大検証」といわれ、18歳から50歳までの住民が市内各所に集められて選別され、海岸などで機銃掃射を受け虐殺されました。同地では4万人から5万人が犠牲になったといわれます。市中心部の高さ68メートルの「日本占領時期死難人民紀念碑」いわゆる「血債の塔」は、1961年に掘り起こされた遺骨を6年後に納めた追悼碑です。

（2019年10月8日付山沢猛）

(3) 戦後75年　日本の香港占領

アジア侵略、太平洋戦争に突き進んだ日本は、1941年12月から45年8月までの3年8カ月の間、香港を占領しました。第2次世界大戦終結75年を機に、香港や東アジアでの日本の侵略について研究しているジャーナリストの和仁《わに》廉夫《ゆきお》さんと当時を振り返ります。

1　侵攻で略奪や強姦頻発

旧日本軍は41年12月8日の太平洋戦争開始と同時に、英国の植民地だった香港への侵攻を開始。九龍半島北部の新界地区から攻め込みました。18日後の12月25日に英軍が降伏。この日は「ブラッククリスマス」として歴史に刻まれています。

和仁廉夫さん

和仁さんは「当時、中国の重慶を拠点にして日本軍とたたかっていた蒋介石に対し、香港を経由して英国などから大量の物資が渡っていた。そのため、日本軍は早く占領しておきたかった」と背景を解説します。

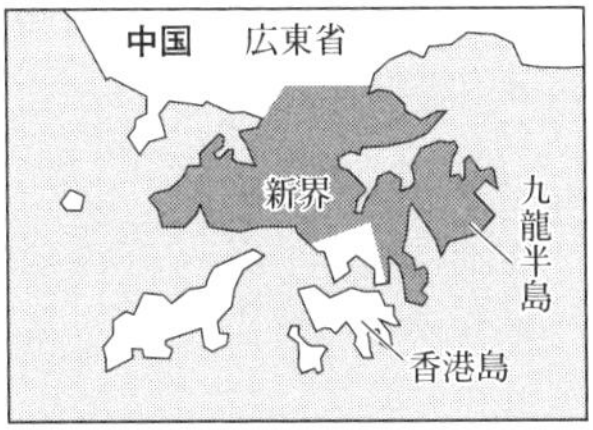

香港島・湾仔のヘネシーロードを行進する日本軍＝1941年12月28日（『香港日佔時期』〈三聯書店有限公司〉から）

■銃剣で脅し

日本軍の侵攻時、香港住民は略奪や強姦などの悲劇に見舞われました。和仁さんが聞き取った生存者の証言によると、当時６歳だった曾徳防《そうとくぼう》さんは新界地区沙田の大水坑村に家族と暮らしていたところに、日本軍が攻め込んできました。３人の銃剣を持った日本軍が家に押し入り、当時28歳だった母親を連れて行きました。３日後、海岸で母親の死体が発見されました。強姦された跡があったといいます。「母は色も白く美しかった。当時妊娠していたから、日本軍は２人の命を奪ったことになる」と曾さんは声を震わせて語ったといいます。

香港陥落後、12月28日に凱旋《がいせん》行進が行われ、兵士らに3日間の休暇が与えられました。この際、日本兵が民家に押し入って金目の物を盗んだり、若い女性を強姦したりしたという香港住民による証言が多くあります。

香港島の養和医院の院長だった李樹芬《りしゅふん》氏は回顧録『香港外科医生』の中で、この当時、夜になると、医院周辺から助けを求める声が響いたと書いています。養和医院にも女性看護師を強姦するため、数人の銃を持った日本兵が押し入りました。李院長はすぐに看護師を奥に避難させました。日本兵は看護師を見つけられないと帰っていきました。

■院長の証言

周辺の病院では、看護師が日本兵に強姦されたという話を聞いたと李院長は本の中で紹介しています。

また、李院長は、香港陥落から9カ月が過ぎた42年9、10月は出産数が異常な多さだったと回顧しています。多くが日本兵らの強姦によるものだと断言しています。

これが3年8カ月に及ぶ香港の人々の過酷な生活の始まりでした。

〈香港関連年表〉

1842年	アヘン戦争後の南京条約で、清国が香港島を英国に割譲
1860年	アロー戦争後の北京条約で、香港島対岸の九龍半島南端を英国に割譲
1898年	香港境界拡張協約で、新界地区・周辺諸島を英国が99年間租借
1931年9月	柳条湖事件
1937年7月	盧溝橋事件
1941年12月	太平洋戦争勃発、日本が香港を占領
1945年8月	日本が敗戦、香港が再び英国統治下に

1984年12月　中英共同声明調印
1997年7月　香港が中国に返還

2　移住強制、相次ぐ餓死

1941年12月に香港を陥落させた日本は、42年2月20日に香港占領総督部を発足させ、占領政策を本格的に開始しました。

■口減らし策

当時、香港には統計上は140万人が居住していました。しかし日本の中国侵略から逃れてきた戦争難民も含めると実際は200万人以上が暮らしていたとされます。

これだけの人数に食料を供給することはできないとして、日本は香港の人口を60万人ほどに減らす政策を進めます。「人口疎散政策」と呼ばれ、当局が食料と路銀を支給して、隣接する広東省からそれぞれの故郷に返すものと、「強制疎散」がありました。強制疎散は「乞食《こじき》狩り」と呼ばれ、憲兵隊が路上にいた難民を無理やり拘束し、数十人を船に乗せて、無人島などに遺棄するという乱暴なものでした。

またすでに日本が占領していた中国・海南島で鉄鉱石などを採掘するために、香港の若者が集められました。計2万人以上が海南島に渡ったとされます。

■米は配給制

ジャーナリストの和仁廉夫さんの聞き取り調査で、香港陥落当時17歳だった崔能《さいどう》さんが募集に応じて海南島で働いた経験を語っています。崔さんはまだ少年だったために簡単な仕事で済んだが、栄養失調や重労働に耐えられずに自殺した人が多くいたと回想しています。

香港住民の食料事情は日に日に悪化していきました。米は配給制でしたが、44年4月からは軍政協力者のみに限定されるようになりました。

43年2月に、山林の木を伐採することが禁止され、庶民には燃料のまきが手に入らなくなり、炊事が困難になりました。

こうした中、路上の難民の餓死が続き、毎日のように死体回収車が稼働していたという証言もあります。和仁さんが聞き取りをした盧佩英《ろはいえい》さんは「軍政が開始されて1年もたつと、たちまち食料は欠乏し始めた」と証言。香港住民は、木の皮や落花生の殻など何でも食べていたと話しています。ネズミや昆虫、人肉を食べていたという証言もあります。

香港住民と実際に接触し、支配していたのは憲兵隊でした。香港住民が日本兵に対しておじぎをしなかったり、家の前がきれいに掃除できていなかったりすれば、憲兵から殴打されました。和仁さんが聞き取りをした馬桂英さんは当時、夫が材木を盗んだという無実の罪を着せられ、憲兵に連行されました。夫は3日後、海の近くで機関銃で処刑され、そのまま海に落とされたといいます。

3　軍票で奪われた財産

1990年代、日本の香港占領で被害を受けた香港住民が日本政府を提訴しました。住民らが求めたのは、日本が香港で大量に発行した「軍票」に対する補償です。

軍票は、軍の作戦展開に必要な物資の調達や占領地経営のため一時的に使用される紙幣です。日本は37年に始まった日中戦争から、中国本土で軍票を大量に使用。香港では日本の占領直後から軍票が発行され、香港ドルとの交換を進めました。

大きな目的は、香港ドルを集め、マカオなどでタングステン（高硬度の希少金属）などの軍事物資を買い付けるためでした。

■家宅捜索も

当初は、軍票1円対2香港ドルの比率でしたが、42年7月からは軍票1円対4香港ドルになりました。さらに43年6月からは香港ドルの使用や所持が禁止され、軍票との交換が義務付けられました。憲兵は香港住民の身体検査や家宅捜索を行い、もし香港ドルを見つければ、殴った上で取り上げました。

ジャーナリストの和仁廉夫さんが聞き取りをした梁心さんは、金持ち風の香港住民の男性が家の中に香港ドルを隠し持っていたという理由で、路上で日本兵に首を切られたのを目撃したと証言しています。

また、軍票の大量発行はインフレを招き、庶民の生活に打撃を与えました。

45年8月の日本の敗戦で、軍票は無効となりました。そのため、香港住民が日本占領期に必死で働いてためた財産はすべて消えることになったのです。

■日本を提訴

93年8月、香港住民17人が所持している軍票の補償を求めて東京地裁に日本政府を提訴しました。原告らは「血と汗の結晶を返して」などと訴えました。

99年6月の地裁判決は、「香港ドルと軍票の交換は強制的に行われた」とし、原告らが戦争の被害者だとする歴史事実は認めたものの、被害救済の法律がないことを理由に原告敗訴となりました。同判決は2001年に確定しました。

和仁さんは裁判を振り返り、「日本が香港で何をしてきたのかを明らかにする点で役割を果たした」と指摘。その上で「軍票は原告自身や親が働いて蓄えてきた財産で、戦後もずっと大事に持ってきた。原告の半数以上はもう亡くなったが、彼らは財産権を回復する運動をあきらめずに続けていくだろう」と言います。

和仁さんはこう強調します。「最近は香港に対する関心が高まっているが、75年以上前の香港で日本が何をしていたのか、日本人としてこの機会にぜひ知ってほしい」

（2012年8月14～16日付　小林拓也）

（4）日本の戦争が生んだ日系オランダ人たち——写真家・奥山美由紀さん

写真家の奥山美由紀さん（オランダ在住）は、都内で4人が共同で開催中の写真展に、「ディア・ジャパニーズ：戦争の子どもたち」を出品しています。日本軍占領下のオランダ領東インド（現インドネシア）で生まれた日系オランダ人たちの人物写真です。奥山さんに聞きました。

私が写真にしたのは、占領下、父親が日本人、母親がオランダ人と現地の人との間に生まれた人、そういう両親を持った子どもや孫です。結婚して、オランダに住み、日系人がたくさんいることを初めて知りました。

16世紀から三百数十年にわたり、現在のインドネシアの地域はオランダ領でした。この間にオランダ人と現地の人の間に子どもが生まれました。生活で使っているのはオランダ語、宗教はキリスト教、半分欧米なのです。現地の言葉もよく話せません。

奥山美由紀さん

■生き証人

日本軍は1941年から3年半、オランダ領東インドを占領し、軍政を敷きます。そのときの兵士や軍属の数は約30万人でした。現地の年頃の男はみな兵役か「ロームシャ」（労務者）として、「死の鉄道」と恐れられた泰緬《たいめん》鉄道（タイ―旧ビルマ間）の建設などに強制動員されました。

残った多くの女性は生活に困り、飲食店や日本人のいる事務所などで働き、そこで目をつけられました。女性は20歳前後ですから恋愛関係もあったし、物資をもらい家族も助けられた人もいたようです。

日本人の父親は敗戦で日本に帰ってしまい、母子が取り残されました。戦後、インドネシア独立戦争がおきると現地にいられなくなり、オランダに「帰国」した人は30万人にのぼります。日系人で父親探しを依頼している方は75歳前後です。日系人の団体は、戦争で生まれた日系オランダ人は推計約８００人といいますが、数千人という数字もあります。調査がされていません。彼らは日本の占領支配で生まれたのであり、戦争は現在の問題であることの生き証人なのです。

オランダに落ち着き、旅行・宿泊を受け付ける職場で同僚にすすめられたのが、葉子ハュス-綿貫著『わたしは誰の子？　父を捜し求める日系二世オランダ人たち』（梨の木舎、２００６年）でした。著者に連絡をしたら、日系人と会ってみないかといわれて、初めて新年のお祝いの集まりに出ました。そのとき、顔は日本人ぽい普通のおじさん、おばさんなのに、言葉はオランダ語ということに強い印象を受けました。

綿貫さんが文章なら、私は写真で記録に残そうと思うようになりました。でも、人物を撮ったことがなくためらいもありました。

マルセル（日本名マサオ）は、戦時中ボゴールにいた実父を捜していたが2020年1月逝去。享年75歳

イムケ（左、姉）、マリーケ姉妹の祖父はジョグジャカルタの製糖産業に従事。祖父を捜す孫世代の日系人もいる

東日本大震災（２０１１年）が起きると、東北出身なので、オランダにいても日本にかかわる仕事ができないかと考え、日系人の写真は私がやるしかないとやっと決心が固まりました。協力をお願いし、少しずつ撮影をすすめた感じです。

オランダに来たときは無邪気で無知でした。でも、私が住むアーネム市にある歴史博物館で日本の収容所で俘虜になった人たちの絵が、苦しみの記憶から黒くぬられていたことはショックでした。

■「敵の子」

日系人は「敵の子」と見なされ小さい頃から苦労しました。40代になって「おまえの父親は日本人だ」などと親戚から知らされます。今もトラウマを抱えているのです。あるオランダ人から、日本の旗など見たくないといわれました。

両国は暗い歴史も共有しています。

現インドネシアにいたオランダ人の女性数十人が収容所に入れられ日本軍「慰安婦」を強制された事件で、軍当事者は裁判で有罪となり処罰されています。

オランダ本国はドイツにも占領されました。ドイツはかなり戦争責任をとっています。ところが、日本政府はオランダ人が収容所で苦労したことへの補償も、父親捜しへの協力もいっさい行っていません。

私が写真を撮るのは、日本人が知るべきことだと思うからです。

おくやま・みゆき　山形県生まれ。２００８年からオランダ在住。16年、日系オランダ人を扱った自作写真集がイタリアの国際写真祭で受賞。www.miyukiokuyama.com

（２０２０年8月5日付　山沢猛）

（5）戦後75年　北京・抗日戦争記念館を訪ねて

２０２０年は、日本が中国を侵略した戦争が終結して75年です。北京郊外にある「中国人民抗日戦争記念館」を訪ねると、そこには歴史を学びながら、日中友好を願う人々の姿がありました。

■息子に知ってほしい

訪れた日はツアー客や家族連れ、息子夫婦に連れられた94歳の男性など、幅広い世代が展示に見入っていました。

四川省綿陽市からの団体旅行で天安門広場や万里の長城を観光後、参観に来たという男性は「本の上での歴史を自らの目で見る必要がある。幸せな生活が得難いものので大切だということを次の世代にもよく伝えていかないといけない」と話しました。

■過去の軍国主義

小学４年生の息子を連れた女性（38）は、昨年も柳条湖事件を展示した遼寧省瀋陽市にある博物館を訪ねていました。「今日は息子に全面的な抗日の歴史を知ってもらいたい」

「日本にもよく行き、息子も日本人に親しみを感じている。過去の歴史の中の日本人があんなに

中国人民抗日戦争記念館の展示を見る人たち＝2020年8月11日、北京

も残忍だったのは、軍国主義がもたらしたものだということを息子に分かってもらいたい。日本が好きなので中日両国が友好であり続けたい」と語りました。

山東省臨沂市の大学2年生、劉《りゅう》嘉《か》昊《こう》さん（20）は北京の大学に入学が決まったいとこの孫逸州さん（18）に誘われました。「歴史を振り返り、革命烈士をしのぶために来た。戦争は一度始まれば、苦難に満ち、虐殺の場面は非常につらい。抗日戦争の勝利は得難いもので、先人の犠牲と引き換えに今日の生活があると実感している」と話しました。

■日本の謝罪前提

歴史に興味があるという孫さんは同記念館の参観は5回目。米国の記念館も含め、各地の戦争記念館を訪れています。「日本には一部の右翼のように歴史を認めず、靖国神社に参拝する人もいれば、正義感を持って真実を知ろうとする人もいる。多くの日本人にしょく罪の意識を持ってドイツのように歴史を認め謝罪してほしい」と語りました。

2人はともに「中日韓の協力は日本が歴史を認め、謝罪することが前提だ。平和発展は大きな流れであり、中日の友好を希望する」と話していました。

同記念館は、新型コロナウイルスの影響で一時閉館を余儀なくされました。5月には入場者数を制限して再開しましたが、現在は1日の来館者数が数百人規模にとどまっています。

◇　◇

■悲劇繰り返してはいけない——中国人民抗日戦争記念館館長羅存康さん

抗日戦争記念館は恨みを宣伝する場所ではありません。文献や資料を収集し、歴史を保存していくのが私たちの役割です。

日本軍国主義の歴史は、中国に損害を与えただけでなく、日本にも大きな苦しみをもたらしました。戦争の教訓をくみ取り、歴史の悲劇を繰り返してはいけない。みんなが平和を守るために力を尽くさなければなりません。日本の若い方には広島、長崎の原爆資料館だけでなく、中国各地の戦争記念館を訪れてほしい。歴史をしっかり認識する助けになります。

友好の基礎は民間にあります。民間団体の交流に力を入れなければいけない。私たちも機会があれば日本に行き、展覧を行い、学術交流活動に参加して共通認識を増やしていきたい。そして、両国の若者の交流を強化してほしい。そうしてこそ中日両国に明るい未来が開けます。

（2020年8月18日付　北京＝釘丸晶　写真も）

(6) 戦後75年　南京大虐殺記念館を訪ねて

戦後75年の2020年は中国江蘇省南京市に南京大虐殺遭難同胞記念館が開館して35年でもあります。日本が中国を侵略した戦争が終わって75年がたち、日中ともに戦争経験者が少なくなる中、次の世代に正しい歴史を伝えたいと同館の張建軍館長は語りました。

「平和の時代とは言え、次の世代が歴史を忘れず、再び災難、災いを起こさないことを祈念している」と強調する張館長が、同館の活動の一つとして紹介したのが、高校3年生が来館する「国際平和学校」。3年間で海外の留学生も含め3000人以上が来館し、毎年20回以上の授業を開いてきました。

また、記念館では南京大虐殺の幸存者（生存者）の支援活動を続け、「幸存者援助協会」という組織を作り、本人だけでなく、2世、3世の状況を調べています。2世、3世にも歴史の記憶の伝承に関わるよう働きかけていると言います。

■日本の若者へ

「日本の方々にも平和の活動を行ってほしい」と話す張館長は昨年2月、日本を訪問した際、日本の若いメディア関係者から「日本の若者としてどう歴史を見るべきか」と質問を受け、こう答えました。

「メディアのやっていることはカメラを構えてその一部をレンズに入れること。レンズに入れているものが友好であれば、あなたの報道も友好になる。恨み憎しみであれば、永遠に恨み憎しみのままです。両国のメディアが互いに理解し、交流し、真剣に付き合う過程が非常に重要です。互いに友好と善意を伝えるべきです」

記念館に展示されている2017年9月30日までに登録された南京大虐殺の生存者の写真。すでに亡くなられた方は白黒写真で展示されています＝2020年8月14日、南京

張館長は「日本の見学者は団体で来られる場合が多いが、若者の割合が非常に低い」と心配します。「日本の友人から聞いた話では一部地域で子どもたちを中国、特に南京に行かせないということもあったそうです。道のりはまだ遠いという感じです。青少年の交流が普通に行われるかどうかが将来のテーマです」

「まず根本的な問題として日本の政府、社会が正しい歴史観を持つ必要がある」。目の不自由な人が象の一部を触って全体を評する故事「盲人摸象（群盲象を評す）」を例に「一部ではなく重要な歴史観を持たないと全体像が分からない。政府がもっと高いところから全体を見るべきだ」と指摘しました。

■お互いを知る

日中関係については「中国と日本は数千年の交流史があり、引っ越すことのできない隣人です。良いお隣さんになるのが一番良い選択であり、そのために重要な事はお互いの事をよく知ることです」と語りました。

南京大虐殺は1937年12月に中国を侵略した旧日本軍が起こした虐殺事件。同記念館は犠牲者の遺骨が大量に見つかった万人坑の跡地に85年8月15日にオープンしました。案内してくれた職員の蘆鵬《ろほう》さんによると2017年にリニューアルした現在の展示は最初に犠牲者への追悼を強く押し出しています。館内ではささげる花を手に参観する見学者の姿も多く見られました。

(2020年8月28日付　南京＝釘丸晶　写真も)

Ⅱ部　沖縄戦、大空襲、シベリア抑留

一　沖縄戦の真実

（1）15歳、戦場動員、首里城司令部壕の戦争
——鉄血勤皇隊を経験・古堅実吉さん

20万人以上の命が奪われた沖縄戦。75年前の1945年5月、地下に沖縄守備軍（第32軍）の司令部が置かれた首里城（現・那覇市）周辺では、激しい戦闘で多くの住民や兵士が犠牲になりました。鉄血勤皇隊（*）として首里城などでの戦闘に動員され、学友を失った古堅実吉《ふるげんさねよし》さん（90＝日本共産党元衆院議員）に聞きました。

■軍の陣地造りする毎日

「命どぅ宝どう！（命こそ宝だよ）」。1945年3月16日、当時15歳だった古堅実吉さんは、母の言葉に見送られ、実家のある沖縄本島北部の国頭村《くにがみ》をたちました。首里城に隣接する沖縄師範学校に帰校したのは22日。翌23日、米軍が沖縄攻略戦を開始。学校は激しい空襲にさらされました。

古堅さんが沖縄師範学校予科に入学したのは前年の44年4月。2学期からは毎日陣地づくりに駆り出され、首里城地下の全長約1キロに及ぶ第32軍司令部壕《ごう》を掘るのにも動員されました。

■砲撃で先輩が犠牲者に

師範学校生らは自分たちの避難壕も掘りました。首里城北側の城壁にいまも残る「留魂壕《りゅうこん》」です。

米軍が本島に上陸する前日。45年3月31日夕方、古堅さんたちは留魂壕の前に召集させられ、鉄血勤皇師範隊を結成させられました。沖縄師範学校は学校長以下全員が軍司令部の直属として動員されたのです。

古堅実吉さん

古堅さんは20年1月、初めて留魂壕の前で証言しました。「留魂壕はあの地獄のような戦場と切っても切り離せない。関係者が生きている間に壕の内部を整備し、平和学習の場として生かしてほしい」

留魂壕では、3期先輩の久場《くば》良雄さんが亡くなりました。米軍上陸から3週間後の45年4月21日夜のことです。久場さんは砲弾の破片で太ももを吹き飛ばされ、顔も血だらけでした。「一晩中、『アンマー（お母さん）』と大きな声で呼んでいたんだが、夜明け前に力尽きた。久場さんとは寮で机を並べ、兄弟のように親しくご指導いただきました。師範隊で最

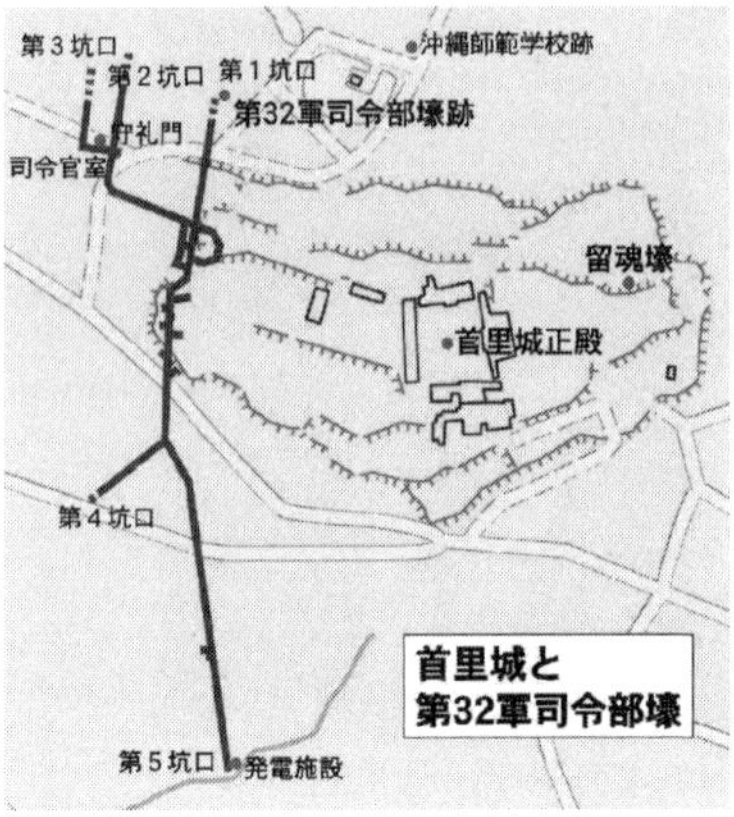

首里城と第32軍司令部壕

初の犠牲者でした」

■同級生を砲弾片が直撃

第32軍司令部壕では同級生を失いました。12時間交代で作業していた5月4日の真夜中。司令部壕の南端にある第5坑口の外で、発電施設の冷却水を井戸からドラム缶に運んでいたときです。

「暫時休憩」と古堅さんが発電機のあるくぼ地に降りた瞬間、至近距離に着弾。「何か倒れる音がしたので、のぞくようにして見たら西銘武信君でした。破片が直撃して首の根っこから肩までえぐられていました」。即死でした。

5月に入ると、十数《メートル》あった首里城の石垣が艦砲射撃で破壊されました。20日頃には、破壊された石垣に小銃の弾が「プシュッ、プシュッ」と当たる音が聞こえ、米軍が迫っていると感じました。27日、第32軍司令部は首里を放棄し、南部の摩文仁《まぶに》へ敗退。「この頃、首里には緑の葉を付けた木は皆目なく、無数の弾痕に雨水がたまり、地上のあらゆる造形物が破壊し尽くされていました」

古堅さんのいた師範隊は同日夜、司令部壕を出発。歩けない者は残していくよう指示がありました。「壕に残すということは、壕とともに（爆破）処理するということです」。古堅さんたちは負傷した同級生を4人一組で担ぎ、泥の悪路を摩文仁に向かいました。

出発から2日後。畑のあぜ道に、モンペ服がパンパンに腫れて息絶えた女性が倒れていました。乳児が母乳を求め、胸ではい回っていました。

「いまでも想像します。お母さんは誰かが赤ちゃんを拾い上げてくれることにかすかな願いを込め、死ぬ前に自分の胸に抱き寄せたんじゃないかと……。あの状況下では誰も助けられなかった。しかし自分の気持ちが許さないんだよな……。なぜ助けなかったかと」。古堅さんは声を絞り出すように語りました。

上：爆破される前の首里城（絵葉書の複写）＝1945年（沖縄県公文書館所蔵）
下：第32軍司令部壕跡。巨大な人工壕で全長約1㌔にも及ぶ＝那覇市

■砲弾飛びかうなか、立ち尽くした幼い姉妹

摩文仁では小さな姉妹に出会いました。6月17日の夕方です。サトウキビを引き抜いて戻る途中でした。砲弾が飛んでくる中、姉が妹の肩を抱いたまま、立ち尽くして泣いていました。近づくと、そばで母親が死んでいました。古堅さんは大きな岩陰に姉妹を移し、自分は師範隊の岩陰に戻りました。

翌日は朝から砲弾が激しく、古堅さんは2人の様子を見に行けませんでした。19日には〝敵中突破して北部の友軍と合流せよ〟との指示を受け、姉妹の姿を見届けることができませんでした。

「2人がどうなったのか、いまも忘れることができません」

■戦争許さない

古堅さんは訴えます。「二度と再び同じ過ちを繰り返してはならない。いくさにつながるすべてを許してはならない。これが平和を願う沖縄の心です。〝国を守るため〟といって戦争ができるような体制をつくることは、地獄の沙汰を引き起こす元です。それは75年前も、いまも変わりはない」

平和憲法を踏みにじり、再び戦争の準備を許すのかどうか——。「沖縄県議選（6月7日投開票）の最大争点です。辺野古への米軍新基地建設など到底許せません。沖縄の心を大事にした『建白書(*)』を掲げ、団結して頑張るときです。私もみなさんと手を取り合っていく決意です」

＊鉄血勤皇隊　1945年、沖縄県内12校（師範学校や中学校）の男子生徒によって編成された学徒隊。沖縄師範学校は教職員24人を含む485人（死者309人、63・7％）が動員されました。

＊建白書　2013年、名護市辺野古の米軍新基地建設断念や、米軍普天間基地（宜野湾市）の閉鎖・撤去、オスプレイの配備撤回を県民の総意として日本政府に要求したもの。

〈沖縄戦／本土の「捨て石」に〉

米軍は１９４５年3月26日に慶良間《けらま》諸島、４月１日には沖縄本島に上陸しました。米軍の空襲や艦砲射撃は住民に容赦なく降りそそぎ「鉄の暴風」と呼ばれました。日本政府は「国体護持」（天皇制存続）のため、沖縄を「捨て石」にしました。

沖縄守備軍は「軍官民共生共死の一体化」を指示。「一木一草トイヘドモ戦力化スベシ」（44年8月31日、牛島満司令官訓示）と住民を根こそぎ動員しました。住民を避難場所の壕などから追い出し、泣きやまない乳幼児がいれば〝敵に見つかる〟といって殺害。方言を話す人をスパイ視して虐殺し「集団自決」（強制集団死）による肉親同士の「殺し合い」を強制しました。

９月７日に沖縄守備軍が降伏調印し、沖縄戦は正式に終結しました。日米の死者は20万人を超え、そのうち日本の死者は18万人超。県出身者12万人超（一般住民9万4千人、軍属2万8千人）の命が奪われました（県資料から）。朝鮮人軍夫や日本軍「慰安婦」の多数も犠牲になりました。

〈首里城／４５０年続いた琉球王朝〉

首里城は、１４２９～１８７９年の４５０年間にわたり存在した琉球王国の国王と家族らが居住した王宮。王国の統治機関である「首里王府」の中心でした。芸術や音楽が盛んに演じられるなど、文化芸術の拠点でもありました。

19年10月に発生した火災で正殿など7棟、計約４８００平方㍍を焼失しました。この火災を除き、過去４回焼失しており、４回目は県民の４人に１人が犠牲になった１９４５年の沖縄戦によるものです。

（２０２０年5月31日号日曜版　本吉真希）

(2) 少年兵を使い捨てた住民虐殺の「秘密戦」
――映画監督、ジャーナリスト三上智恵さんに聞く

映画「沖縄スパイ戦史」(2018年、大矢英代監督との共同作品)を製作した映画監督でジャーナリストの三上智恵さんが、沖縄戦体験者の新たな証言を加えて、『証言　沖縄スパイ戦史』(集英社新書)を刊行しました。本にこめた思いを語ってもらいました。

護郷隊の元少年兵21人と、陸軍中野学校関係者、住民虐殺を知る人など、計31人から証言を聞きました。護郷隊とは1944年に結成され、沖縄に上陸したアメリカ軍を相手に、地元の少年およそ千人を組織しスパイ戦、遊撃戦をさせた部隊です。

電話での取材約束はほとんど失敗でした。訪ねて戸をたたき、直接会って初めて話が聞けました。

■米軍かく乱「裏の戦争」

護郷隊の主な目的は、本島南部で持久戦に専念する陸軍第32軍を助け、それが壊滅しても、北部で遊撃戦を展開し、アメリカ軍の拠点をかく乱するというものでした。15歳から17歳の少年兵を中心に、恩納岳や多野岳などの山間部でゲリラ戦をおこないました。

南部での戦闘が「表の戦争」とすれば、護郷隊は「裏の戦争」です。重武装した米兵に対し、旧

式の銃を持って山の中にこもりゲリラ戦をしたのです。160人が命を落としました。彼らを組織し隊長になった陸軍中野学校出身の青年将校もまだ22、23歳。第1護郷隊の村上治夫隊長は600人の少年兵を率いただけでも大変ですが、彼は住民対策という重い任務も背負っていました。

「軍隊が来れば必ず情報機関が入り込み、住民を巻き込んだ『秘密戦』が始まる」

本の「はじめに」に書いた私の確信です。軍は住民を利用しないと「秘密戦」をたたかえない。住民を食料生産、情報提供、陣地構築にも使いました。そうなると住民は軍の機密を知りすぎる。先に米軍に捕まれば情報が漏れる。だから住民同士を監視させ、お互い密告させ、最後には「口封じ」をしないと軍隊自身の命が危うくなります。

構造上、軍隊は必然的に住民を始末せざるを得なくなる。「裏切り者には断固たる措置をとれ」と大本営の戦争マニュアルに繰り返し書いてあります。マニュアルを作った人間は、最後は軍が住民を殺すことになるとわかっていたはずです。軍隊は住民を守らないのです。

この護郷隊が先例になり、45年6月、「本土決戦」に備え女性や子どもまで戦闘要員にする「国民義勇戦闘隊教令」が制定されました。まさに狂った教令でした。

■忘れていい、込めた思い

オジイもオバアも、沖縄戦の体験者はみな重荷を背負って

護郷隊の元少年兵と三上さん＝ 2020 年 2 月

います。75年前に別れたお下げ髪の同級生も、自分の弟も、子どもの姿のままで脳裏に残っている。自分だけうまく生き残ったのではないか、という罪悪感を持ってしまう方も多い。

重い荷物の一部でもいい、私たちが持って走るから、私が覚えているから、あきらめないでいるから、だからオバアたちは忘れていいよ、という思いから、映画ポスターのキャッチコピーを「もう、忘れていいよ。わたしがここで、覚えてるから」にしました。共同監督の大矢英代と決めた言葉です。

私は沖縄で、20年間ニュースキャスターを務めましたが、米軍と自衛隊との関係がより密になっている、米戦略の一部として日本の若者の命が使われると肌で感じます。日本政府はアメリカの意を受けて宮古・石垣への自衛隊配備を進めている。沖縄の島々を守るためでしょうか、違います。本土を守るためでもなく、米軍の要塞になるのです。

沖縄戦を学んだ者として、辺野古の米軍新基地も、宮古・石垣の自衛隊ミサイル基地も絶対に止めなければいけない。私にはその責任があると思っています。

みかみ・ちえ　琉球朝日放送キャスターを経てフリーのドキュメンタリー製作者に。「標的の村」「戦場《いくさば》ぬ止《とぅどぅ》み」「標的の島　風かたか」を発表。映画「沖縄スパイ戦史」（18年、大矢監督と共同）で文化庁映画賞など受賞。著書に『戦場ぬ止み　辺野古・高江からの祈り』ほか

（２０２０年3月20日付　山沢猛）

二　大空襲の被害を忘れずに

（1）大空襲75年　被害者補償一銭もなし

一夜に10万人の命が奪われた1945年3月10日の東京大空襲。米軍はこれを皮切りに、大阪はじめ全国の都市で市民への攻撃を本格化しました。国策による戦争で多くの民間人が家を焼かれ、家族を奪われ、心身に深い傷を負いました。しかし日本政府は、民間の空襲被害者に謝罪も補償もしていません。戦後75年。被害者の思いは――。

1　吉田由美子さん――「逃げずに火消せ」誤った国策が生んだ被害

■3歳で孤児になり

「妹の恵津子は生後3カ月で殺されました。戸籍には生年月日と死亡年月日の2行しかありません。それが妹のすべてです」

茨城県に住む吉田由美子さん（78）。東京大空襲で、両親と妹はどこに逃げたのかわかりませんでした。遺骨も見つかっていません。当時3歳だった吉田さんは大空襲の日、近くの母の実家に預けられていて、命が助かりました。

吉田由美子さん

「戦争は8月15日で終わりました。でも私の戦争はそこから始まりました」

右も左もわからなかった幼少期。孤児となった吉田さんに生きるすべを教えてくれる親はなく、「何をするにも『これでいいのか』と自問自答して生きてきました」。

■自殺も考えた

6歳のとき、吉田さんを新潟の伯母が仕方なく引き取りました。吉田さんは「おまえも親と一緒に死んでいればよかったんだ」といわれました。心痛で下痢をした晩、下着を汚した罰として、雪の戸外で伯母から氷の張った水を何度もかけられました。

角材で頭を殴られ、土間に突き飛ばされたこともありました。

「泣いたらさらに殴られるので、どんなにつらくても、ひたすら我慢して痛みに耐えました。泣くのをやめようと決めたので、いまでも泣くことはあまりできません」

教員の薦めで高校を受験。合格して喜んだのもつかの間、伯母に「何でおまえの学費を出さないといけないのか」とののしられました。ショックで「死ねば親に会える」と自殺も考えました。

「国が孤児に対して援助をしていれば、伯母たちは私を少しは温かく育ててくれたんじゃないだろうか」

どんなに恋しく思っても浮かばなかった父母の顔。10歳の頃、別の親戚宅で、両親とお宮参りしたときや七五三のときの写真が見つかりました。「こういう顔をしていたのかと感動しました」

日本政府は防空法（37年）の改定を重ね、民間人に「逃げずに火を消せ」と退去禁止と消火義務を課しました。「米軍のＢ29爆撃機が落とした焼夷弾で、民間人の命が奪われたのは間違いのない事実です。それと同時に、国策を誤った日本政府に殺されたのです。生きることができなかった人たちに、一番に申し訳なかったと謝ってほしい。大切な命にわびを入れてほしい」

吉田さんは空襲被害者の訴訟原告団に加わり、最高裁で敗訴が確定したあとも、日本政府に謝罪と補償を求めてきました。

超党派の空襲議員連盟がまとめた法律の骨子素案(*)は、孤児や遺族は対象になっていません。「国が『これで終わり』といわないか、すごく不安」だと吐露します。

＊空襲議連の法律骨子素案

超党派の空襲議員連盟（会長＝河村建夫自民党衆院議員）は17年4月、「空襲被害者特別給付金法」の骨子素案をまとめました。空襲等で身体障害を負った被害者に限り一時金50万円の支給や、国による被害実態の調査等を定めています。

2　〝民間犠牲者に人権ないのか〟——国会前に立ち続ける河合節子さん

衆院第2議員会館前にはためくオレンジ色ののぼり。そこには「民間人空襲犠牲者に人権は無いのか」の文字が大書されています。

人権回復の思いを込めたのは、東京大空襲で母と2人の弟を殺された河合節子さん（80）です。「全国空襲被害者連絡協議会」の他の被害者らとともにほぼ毎週木曜、空襲被害者救済法の成立を求めるパンフレットを配ります。

超党派の空襲議連が法律の骨子素案をまとめたものの、国会提出は遅々として進みません。高齢

防空頭巾をかぶり、衆院第2議員会館前で被害者救済を訴える河合節子さん

のため健康を損なう被害者が増えています。

「私たちは本当に追い詰められているんです」。河合さんは昨年4月から、同議員会館前に立ち始めました。

河合さんらは対象を狭くした骨子素案が十分だとは思っていません。同時に「こんなに低くしたハードルさえも跳べないのか」との怒りも沸いてきます。そんな中で法案成立を願う根底には「被害自体がなかったことにされてしまう」という強い危機感があります。

全国の空襲死者は50万人ともいわれますが、国は調査を行っていません。素案には、国による実態調査と追悼施設の整備が盛り込まれました。河合さんはいいます。

「母も小さな弟たちも火に巻かれました。何でって思います。国に謝罪してほしい。民間人への被害を反省し、追悼してほしい」

（2020年3月8日号日曜版　本吉真希）

（2）一夜で失った12人の子どもたち、母親の悲痛、忘れない
——早乙女勝元さん親子で共作

東京大空襲の記憶を未来へつないできた作家の早乙女勝元さんが、新著『赤ちゃんと母《ママ》の火の夜』を出しました。絵を担当したのは次男の民さんと、そのパートナーの宏子さん（タミ　ヒロコ）。初めての親子共作です。思いを聞きました。

■戦争で殺された

早乙女さんは12歳のとき、大空襲の火の海を母や姉と逃げました。１９７０年、「東京空襲を記録する会」を結成し、多くの被災者を取材してきました。

この本は、早乙女さんが武者《むしゃ》みよさんや関係者に聴きとったお話です。

武者さんは１９４５年3月9日夜遅く、警戒警報が鳴り響くなか、自宅近くの病院で女の子を出産しました。直後の10日未明、アメリカ軍のB29爆撃機が爆音とともに、無数の焼夷弾を投下。医師と看護師らは、武者さんと生まれたばかりの赤ちゃんを担架に乗せ、布団をか

新日本出版社・税別 1400 円

ぶせて、猛火とうず巻く煙のなかを避難しました。

武者さんと赤ちゃんは助かりました。しかし、家に残した12人の子どもたちと夫、両親に再び会うことはできませんでした。

大家族を一度に失った痛ましい被害を「忘れてはならない」――。早乙女さんが本に込めた思いです。

「もしも自分がその身であったならと考えれば、想像力は沸いてきます。しかし12人の子どもを一遍に亡くした母親の心境は、作家の私でも想像できない。武者さんは語ることで後世に残さなければ、子どもたちは浮かばれないと思ったのではないでしょうか」

「涙は出つくした」という武者さん。早乙女さんにこう語りました。「一人として、自分勝手に死んだんじゃないの、戦争で殺されたんですよ」

■命のバトンをつないでいく

東京大空襲は、東京の下町地区を目標にした無差別爆撃でした。

北風が強く吹き荒れた真夜中。約３００機のＢ29爆撃機が大編隊を組み、約１７００トンの油脂焼夷弾を投下しました。煙と火の粉が激流のように押し寄せ、無数の火柱が合流して大火災に。家も町も焼き尽くされ、一夜にして10万人の尊い命が奪われました。

この想像を絶する被害を、民さんと宏子さんの絵が伝えます。

民さんは、Ｂ29がどの方向から飛来したのか。北風がどう強く吹き、炎が人々をどうのみ込んだのか。当時の〝空気〟を追体験しながら取材を重ねました。武者さんが一時避難した両国駅の周りも丹念に歩きました。空襲下に何を履いて逃げたのかなどは、体験者の父に聞きました。

「空襲は自分にとって、ものすごく重い出来事。いつかは描かないといけないけれど、なるべく触れたくない宿題のようでした」

今回、空襲と正面から向き合う機会になりました。いろいろな角度から光をあてて描きました。

「どのくらい絵にできるかというチャレンジだった」

表紙は宏子さんが描きました。優しさと強さが同居する絵です。

早乙女宏子さん　勝元さん　民さん（撮影・野間あきら記者）

宏子さんは「本当に悲惨な体験です。でもその先に、お母さんと赤ちゃんを守った人たちの思いがある」と話します。

武者さんと赤ちゃんを必死に守った医師や看護師。武者さんに大切な白米のおむすびを分けた若い看護師。そのおむすびをいつ帰るかわからない子どもたちに残した武者さん。

「私は人が命を次につないでいくために、命のバトンタッチをされているように感じました。この本を読んで、命をつないできた親や先人の思いを感じてもらえたらうれしい」

数々の作品で母と子に光をあててきた早乙女さん。「戦争で殺された多くは民間人で主に女性と子どもです。憲法の平和条項が失われたら、また同じことが起こる恐れがある」

憲法前文の文言、「政府の行為によつて再び戦争の惨禍が起ることのないやうにすることを決意し…」を大切にしています。「この言葉をかみしめ、国民の声をつなげていくのが戦争体験者の使命」と語ります。

タミ　ヒロコは、マンガイラストで活躍中の民さんと、イラストレーターの宏子さん。2人の作品に『かいものへ　いこう』

（2018年3月11日号日曜版　本吉真希）

三　極寒のシベリア抑留を語る

（1）反人道的大事件なぜ――93歳体験者、強制労働の実態告発

シベリア戦没者の遺骨が「日本人のものでなかった」とのニュースは、日本政府の外交も戦略もない遺骨収集のずさんさを示しました。90歳を超える体験者が、シベリア抑留という名で捕虜としての数年間に及ぶ強制労働の実態と、戦後74年たっても未解決なシベリア抑留を告発します。

新関省二さん

アジア太平洋戦争中、旧日本軍の部隊である関東軍が満州国（現・中国東北部）を事実上支配していました。

敦化《トンカ》の関東軍第29飛行場大隊に1944年7月、〃陸軍

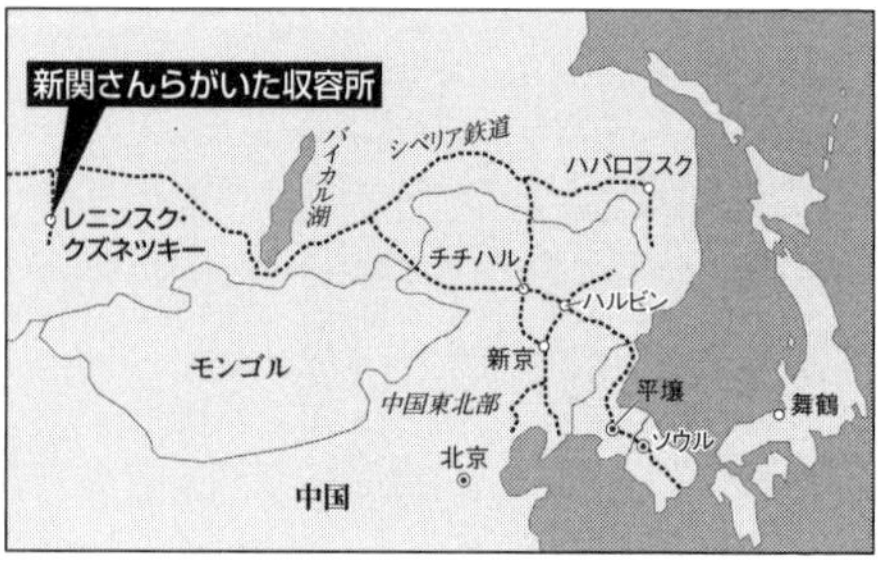

の予科練〟といわれた陸軍特別幹部候補生1期生として編入された新関省二さん（93）。横浜市の自宅で「シベリア戦没者慰霊」と書かれた首掛けを着けて、日本軍の実態と4年間の捕虜生活を話しだします。

■〝帰す〟とだまされ

「飛行機乗りなのに、飛行機がなく、偵察機のプロペラを外したりつけたりする整備兵でした。対ソ戦に備えて戦車壕を毎日掘る作業ばかり。兵隊というより土方作業でした」と振り返ります。

8月15日、上官から集合の合図で、大隊200人は、ラジオから流れる天皇の言葉を待ちました。「ガーガーいう雑音でなにを言っているのかわからない」。終戦の玉音放送であることは告げられず、「奮闘せよとの命令だ。持ち場に戻れ」といわれました。

〝ソ連が攻めてきた〟との報で、南に退却の命令。大虎山《タイゴサン》飛行場でソ連軍によって全員捕まり、自ら武装解除します。〝日本に帰す〟とだまされて、貨物列車に乗せられシベリアへ連行されました。途中で、飢えなどで亡くなった兵は、線路脇に埋めたといいます。

■収容所での犠牲者

当時ソ連には、2300以上の収容所があるといわれ、新関さんらは第7地区第503収容所

（ケメロボ州レニンスク・クズネツキー収容所）に12月に着きました。同収容所にいたドイツ兵捕虜と入れ替わりです。

零下40度を超す酷寒のなか3交代で炭鉱に入る強制労働の日々でした。ノルマが達成できないと減らされる黒パンとスープの貧弱な食べ物。おなかをこわす人、栄養失調になる人、シラミで感染するチフスにかかり倒れる人……。「甲乙丙で徴兵されたが、丙で召集された30代の人からバタバタと亡くなった」と新関さん。

遺体は、カチンコチンに凍るまで霊安室のようなところに置かれました。〝遺体に服はいらない〟と、素っ裸でした。遺体が増えると「埋葬に行くぞ」と指示が出ました。新関さんらは、収容所裏手の丘に、トラックで遺体を運んで埋めました。

レニンスク・クズネツキー郊外の日本人慰霊碑＝新関さん提供

「雪原が凍っていて、深く掘れないので雪をかぶせました。遺体は雪原にバラバラに埋めた。名前を書く木片もありません。春になると野犬などに食われた遺体を埋め直したこともありました」

収容所付近の市民や農家の人から食べ物をもらったりと、親切にしてもらいました。「ドイツの兵隊には兄や父が殺されて憎いけど、日本人は何も悪いことをしていない。なぜ日本人が捕虜になっているんだ」とよく聞かれたといいます。

新関さんらが同収容所で亡くなった〝戦友〟のソ連側が把握する数を知ったのは、1992年に現地を訪ねたときでした。町はずれの約300坪の敷地に106個の石盤の墓が整列に並び、名簿もあると聞いてびっくりしました。「われわれが埋めたところと違う場所だが、墓をつくってくれたことに感謝した」といいます。

■全部収集には110年

2010年に議員立法として成立したシベリア特措法（戦後強制抑留者特別措置法）に基づき、厚労省は、遺骨収集などの取り組み状況を毎年発表しています。それによると、18年度の死亡者の特定は180人でした。未収集の遺骨は3万3000人分以上もあります。過去5年間で合計888人分という収集ペースでいくと、全部収集するのに、110年以上かかります。

「シベリアにはまだ土まんじゅうのままの埋葬地も多くあります。70年以上がたち、シラカバが生い茂り、様相が激変している」。こう指摘するのは、シベリア抑留者支援・記録センターの代表世話人、有光健《ありみつけん》さんです。「間違い遺骨事件を契機に、場当たり的収集事業を見直してほしい。国民の税金を使う事業だからこそ、総合的に、誰のために、いつまで、どこまでやるのか。何を歴史の教訓にするのか。立法府や世論を巻き込んだ方向づけを国民的におこなう必要があるのではないか」と語ります。

■スターリンが命令

シベリア特措法には、「遺骨、遺品の収集」のほか、「抑留全体の実態の解明、真相の解明」「その戦争犠牲としての体験の後代の国民への継承を図るための事業」を国が基本方針を定め、実施することを求めました。

当時のソ連の指導者・スターリンが出した秘密命令によって、シベリアなどへの移送・抑留が始まりました。捕虜をすみやかに家族のもとに帰すとした「ポツダム宣言」にも、捕虜の人道的な取り扱いを定めた「ジュネーブ協定」にも違反する反人道的大事件でした。同時に、日本側も満州に司令部があり、だれが60万人もの兵を「シベリアに連れて行っていい」とイエスの返事をしたのか。真相はわかっていません。

さきの有光さんは、「事件はソ連で起き、捕虜はソ連・モンゴルで死亡した。記録はロシア語で書かれ、残っています。教科書に記載し、体験者や死没者の孫やひ孫の世代に正しく歴史を伝えるためにも、真相解明など、未解決の課題にロシア側の参画が必要ではないか」と指摘します。

8月15日、終戦74年を迎え、新関さんは呼びかけます。

「戦争になると、赤紙というはがき一枚で召集される兵隊がいちばんひどい目にあう。戦争になればかならず捕虜が出ます。捕虜になるとこんなみじめなことになる。外交で、話し合いで決める時代です。絶対に戦争はしてはいけない」

（2019年8月17日付　阿部活士）

(2) 終戦後もソ連軍と交戦、不当に抑留　石井孫三郎さん

零下40度。凍てつくアムール川。ぶるぶる足の震えが止まらず、足踏みを止められないほどの寒さ――。極寒の地シベリア。敗戦後、旧日本軍兵士は、当時のソ連から、この地に抑留され過酷な労働を強いられました。収容所では、栄養失調、寒さ、発疹チフスがまん延。一冬に半数近くが亡くなり、日本の土を踏むことができませんでした。

■反戦を信条に

東京都東久留米市の石井孫三郎さん(94＝2021年5月2日没)は旧「満州」(中国東北部)で、ソ連軍と戦った体験を直接語れる数少ない存在です。「二度と戦争を繰り返してはならない」を自らの「信条」として生きてきました。

石井さんは北海道小樽市生まれ。1942年、17歳で旧「満州」ハルビンの製糖会社に就職。敗色濃厚だった45年5月。ソ連との国境の町、璦琿《アイグン》にあった、関東軍第6国境守備隊第612部隊に召集されました。軍隊生活は、軍事訓練とソ連軍戦車を落とす壕《ごう》を掘る土木作業でした。

45年8月9日、ソ連軍が満州に侵攻。天皇が敗戦を宣言した翌日の16日、戦闘になりました。ピュン、ピュンと弾丸が飛び交う中、機関銃の弾運びが担当でした。ソ連軍戦闘機の機銃掃射が、パ

パパパーと砂ぼこりをあげるなか手も足も出ず、「タコつぼ」（個人用の小さな塹壕《ざんごう》）に避難。部隊には反撃する大砲もありませんでした。「生きた気持ちはしなかった」といいます。

21日、全員に集合がかかり、旅団長から初めて戦争が終わったことが告げられました。敗戦から1週間近く、戦闘態勢のままでした。石井さんは「旅団長は停戦といった。敗戦とはいわなかった。それを聞いて『死ななくて良かった。どうしても生きて国へ帰らなければ』という気持ちが湧いた。どの兵士も同じ心境でした」と声に力が入ります。

武装解除され、ソ連軍に投降しました。辺りは日本兵や軍馬の死骸が散らばり、炎天下にものすごい死臭を放っていました。敵戦車に突っ込んだ兵士の死体が散乱していました。「私は戦争のむごたらしさを嫌というほど脳裏に焼き付けられました」と話します。

■シベリア行き

ソ連兵は日本兵の腕をまくり上げ、腕時計を取り上げました。石井さんたち捕虜部隊は「マンドリン」（自動小銃）を持ったソ連兵に、隊列の前後左右を取り囲まれて北に向かい行進しました。

黒河《こっか》の町を通り抜け、国境のアムール川（黒竜江）に到着。はしけで対岸のソ連領ブラゴエシチェンスクに渡りました。

ソ連による日本軍兵士のシベリア抑留は、武装解除した日本兵の家庭への復帰を保証した、ポツダム宣言に反する不当なものです。

旧ソ連・満州国境の瑷琿（アイグン）。かつての戦場に立つ石井さん＝2012年6月26日（石井さん提供）

「俺もなんとか死なずにすんだ」――。石井孫三郎さんは、捕虜収容所のあった対岸のロシア領を見ながら、しみじみ思いました。２０１２年６月、中国を旅行、シベリアに移送される際、渡ったアムール川のほとり、黒河を訪ねた時の感慨です。

鉄条網が張り巡らされた、大きな2階建ての建物で、シベリアでの収容所生活が始まりました。収容された日本軍兵士らは約８００人。板の間に毛布を敷いて着のみ着のままの雑魚寝《ざこね》でした。朝起きたら死んでいる人、脱走を試み殺された人もいました。

■重労働を強制

朝暗いうちから夜遅くまで、ソ連兵監視のもと強制重労働に駆り出されました。中国側から川を渡って運ばれてくる、穀物の麻袋や燃料ドラム缶などの陸揚げ作業です。

シベリアの冬は零下40度以下にもなります。敗戦時の夏服と防寒用の外套《がいとう》や帽子、靴だけで、北海道生まれの石井さんでも耐えるのは至難のわざでした。かつて住んでいた中国のハルビンは零下30度程度でした。それより寒い、立っていられない、まつ毛まで凍りつく寒さでした。

食べ物は飯ごうのふたに、うすいアワのおかゆだけ。昼は硬い「レンガ」と呼ばれた黒パン1枚。おかずはなし。月に1回シャワーに入れましたが、シラミの攻撃に遭いました。

〝鬼軍曹〟だった班長が、敗戦を機に「おまえたち、絶対に死ぬな」とがらりと変わりました。何でも食べられるものを持ち帰ろうと班長が提案。作業中、手に入れたアワや高粱《こうりやん》、大豆、コメなどを、上着やズボンのポケットに入れて持ち帰りました。

抑留生活が始まって1カ月頃から死者が出始めました。46年1月後半、収容所で発疹チフスが猛威を振るいました。毎日、何人もの死者が出ました。石井さんもかかり、高熱に2週間ほどうなされ、意識もうろうとした状態でした。薬もなく、同僚からのおかゆで一命を取り留めました。チフスで頭が狂い、走ってバタッと倒れて死んだ人もいました。

2月になると凍土が硬く埋葬用の穴を掘ることも不可能でした。収容所の馬小屋に、凍りついた遺体がうずたかく積み上げられていました。ところが一夜にして死体の山がなくなりました。アムール川の氷を割って「水葬」したと聞きました。

石井さんは46年2月、中国に引き渡され何年も強制留用され、炭鉱で働かされました。その後60年になって18年ぶりに帰国。和服姿のお母さんが神戸港に迎えに来てくれ、「石井孫三郎おりますか」と叫び再会。抱き合って喜んだことを鮮明に覚えています。

石井さんは「生き延びた命をみんなのために役立てたい」との思いから日本共産党に入党。同郷のプロレタリア作家、小林多喜二の生き方に影響を受けました。

■特派員として

67年、党本部から旧チェコスロバキアのプラハにあった『平和と社会主義の諸問題』誌の編集局に派遣されました。68年、チェコ事件「プラハの春」が起きました。引き続き「赤旗」チェコ常駐特派員として取材活動を続けました。

チェコ事件は、ソ連と東欧4カ国の軍隊がチェコの主権と独立をおかし侵入。政府・党の指導部を逮捕して、全土を占領した事件。日本共産党はソ連の大国主義に断固抗議、不当な干渉の即時中止と軍隊のすみやかな撤退を要求しました。

石井さんは、自主独立の党の立場で真実を伝える記事を堂々と書き続けました。「ソ連の内部資料によるとソ連はわが党の抗議への対策を、書記局会議で正式に決定していました。ソ連の言論弾圧で見張られ、一人で外を歩けない時もあった。にらまれてね。チェコの外務省新聞局から呼び出されて警告を受けたこともあったよ」と振り返り「ソ連は許しがたい存在」とゆっくりと重々しく言葉を吐きました。

石井さんは訴えます。「いまでも戦争映画を見るのは嫌です。人殺しの映画も嫌です。いま戦争を放棄した日本国憲法9条を葬り去り、日本を戦争する国にしようとする動きが、一段と強められていますが絶対に許すことはできません」

（2020年8月15日付　遠藤寿人）

（3）父の銃殺と名誉回復、本当の命日に変わるまで

――遺族山形忠顕さんに聞く

75年前、旧ソ連のスターリンが決めたシベリア抑留で、父親が犠牲になった遺族の一人、山形忠《ただ》顕《あき》さん（82＝東京都八王子市）に、その後の家族の苦労を聞きました。

山形忠顕さん

私がソ連軍に拉致《らち》された父・山形求馬《もとめ》の消息を追い続けたのは、後に残された母子の宿願に他なりません。自分の父はこういうことがあって亡くなったと真実を知ってこそ、自分たちもどう生きるべきかを考えることができます。

父は昭和15（1940）年に、「満州」（現・中国東北部）のハルビンの特務機関に派遣され、陸軍少佐として牡丹江、間島など各地を転々としました。敗戦直前の45年に、関東軍参謀になりました。今の北朝鮮の平壌へ多数の日本人在住者の輸送指揮をした後の9月、ソ連軍に踏み込まれ拉致されました。家族は会っても口をきけませんでし

た。

残された4人（母、私、妹2人）は、平壌の厳しい冬を何とか乗り越えて、帰国することができました。

シベリアからの帰還が始まると、母は何度も舞鶴に行き、父の消息を求めましたが、全くわかりませんでした。1956年、11回にわたるシベリア帰還が終了すると、厚生省（当時）の勧めがあり、「死亡認定申請」を出して、「死亡公報」が届きました。「1946年7月1日ソ連のウォロシロフで戦病死」と記され、役所の戸籍にもそう書かれました。遺族年金を受けとりほっとすることができましたが、48年に父を見たなどという情報が入り、母を悩ませました。

■回想記に

1981年に父の三十三回忌の法事のときに、父の部下だった方が「今まではいえなかったが」と恐る恐る見せてくれたのが、前野茂さん（元「満州国」法務部次長）の回想記『ソ連獄窓11年』（講談社学術文庫）でした。そこには同じ監獄にいた父について「山形参謀の銃殺」と題して詳しく記されていました。

長期抑留者の会「朔北会」が、動かない政府にかわり数年にわたりソ連に要望したことが実り、1992年に当時のゴルバチョフ大統領から、16人分の「通報書」が届きました。母や私ら遺族は東京・狸穴のロシア大使館で「名誉回復証明書」を手渡されました。

そこには父が1946年6月30日に軍法会議で銃殺の判決を受け、10月16日にウラジオストクで刑が執行とありました。さらに１９９１年10月18日付で、山形はソ連領でいかなる犯罪もおかしていないとして「無実であり復権した」とありました。

それまで私は、もしかしたらロシアで父が生きている、同じ夜の月を眺めているかもしれないと思ってきました。しかし銃殺を知らされてその月もたんなる石の塊にしか見えなくなってしまいました。

私も80歳をこえました。厚労省に戸籍の訂正を要求しましたが、「ソ連とは平和友好条約を結んでいないから」の一点張りで、今もって戸籍の命日の違い、「戦病死」などの訂正に応じていません。ところが、昨年、兵歴を保管している東京都福祉保健局が、父の「名誉回復証明書」にもとづいて「軍歴確認書」の訂正に応じてくれたのです。

■訂正記載

政府の冷たい態度が変わらないので、東京家庭裁判所に父の「原戸籍の訂正」を申し立てたところ、今年８月17日付で「訂正を許可する」との審判を得ました。そして９月９日、役所で父の戸籍は訂正記載されました。お墓には死亡公報の７月１日と、誕生日12月25日という二つの命日を刻んでいましたが、10月16日と改められます。

夫や父親が白い目で見られてきた遺族が多数おられま

父の求馬さん

す。関東軍の山田乙三《おとぞう》大将や秦彦三郎《はたひこさぶろう》総参謀長らは抑留から生きて帰国しました。父に罪があったとしても、なぜ銃殺されたのか。妻や子が長く事実を知らされず人権を侵害されたのか、何の説明もありません。

抑留犠牲者の裁判記録の入手、遺骨の収集、記録の保存と後代への継承は、遺族個人の力ではとうてい成しえません。政府指導者をはじめ国家・政府の責任でなされるべきです。

抑留者の悲劇を忘却せず、戦争の実態を明らかにし、平和を希求し、私たち遺族も歩んでまいります。

（2020年9月22日付　山沢猛）

(4)5人に1人が死んだまち、100歳まで体験伝えたい
――西倉勝さんに聞く

敗戦直後、約60万人の日本人がシベリアに抑留され、約1割が寒さと栄養失調などで命を落としました。19歳で徴兵された西倉勝《まさる》さん(95=神奈川県相模原市)が抑留された東シベリアのコムソモリスクでは、20%余が亡くなりました。西倉さんに聞きました。

旧ソ連軍の最高司令官スターリンが75年前、元日本兵をシベリアに抑留する秘密指令を出した日である8月23日から、3日間にわたり遺族や学生のボランティアなどが協力し、名前がわかる抑留死亡者4万6300人の名前をZoomで読み上げました。私も30分かけ500人の名前を読みました。

「死亡者は数ではない。名前はこの世に生きた証しだから」というシベリア抑留者支援・記録センターの呼びかけに応えたとりくみでした。参加者の中で体験者は私一人、すでに多くの抑留者が亡くなっています。

■零下25度

私の抑留生活は、広大なシベリアでも東の端にあるコムソモリスクで始まりました。「日本に帰

西倉勝さん

る」と言われて1000人1組にされ、「満州」（現・中国東北部）との国境から貨車で4日間乗せられました。コムソモリスクをハバロフスク州第2の都市にする計画で、私たちはその都市基盤整備のために強制労働をさせられたのです。私たちが入った収容所（ラーゲル）は馬小屋を改造したようなところで、2段ベッドで1人に毛布1枚、3人で1枚下に敷き2枚を上にかけ、寒さに震えて抱き合って寝ていました。2年目以降少しずつ改善されてきました。

ソ連兵監視のもとでの労働は10月からはじまり、日本でいう「土方仕事」であらゆることをやりました。れんがを運び、積んで家を建てる、工場も建てました。零下20度、25度での作業です。さすがに零下30度になると戸外での作業は中止になり屋内に戻りました。

なかでも大変だったのが、水道管の埋設工事です。水道管が凍らないように2メートルほど穴掘りをさせられました。ところが土が凍ってカチンカチンですから、つるはしで鉄板をたたいているようでした。たき火をして温めて掘って、また、たき火をするというくり返しでした。

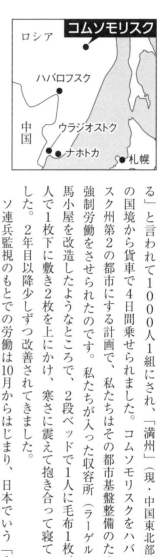

農場の仕事に行ったときに急に高熱がでて倒れ、病院に運ばれました。急性の胸膜炎と診断されましたが、治療は何もなく、ただ寝ているだけでした。ここで死んだら、かわいがってくれたおばあちゃんが悲しむと思い、1食のうずらまめを一粒一粒、数えながら食べました。1カ月入院して元の収容所に戻ったら、「おまえさん、死んだことになっているぞ」といわれました。病院から退院できる人は少なかったのです。私をしんの強い子どもに育ててくれた親には今も感謝しています。

コムソモリスクでは20％以上、5人に1人が亡くなったといわれます。ここには14の収容所があり、私は第4で市内を担当しましたが、私たち以上に、寒さ、栄養失調、強制労働のノルマという3重苦が厳しかったのは、山に入っての木材伐採や、鉄道建設に携わった人たちでした。命を落とす人も多かったと思います。

出征時の19歳の西倉さん（左から3人目）と家族＝1945年1月、現新潟県柏崎市

私はここで3回正月を迎え帰国者を見送りました。やっと自分の帰国が告げられました。１９４８年7月にナホトカに集結、船に乗るまでは安心できません。ロシア語を書きとめたものなど私物はすべて没収されました。

舞鶴港に入って何よりうれしかったのは、懐かしい広い風呂に入れたこと、コメのおにぎりを食べたことでした。コメは3年間口にできませんでした。

■若い方に

帰国後は生命保険会社で働き、退職後、年金相談で各地を回りました。いま体験を語っているのは、偶然、「平和祈念展示資料館」（東京都新宿区）に抑留の資料をもらいにいったからです。その後、語り部の要請を受けました。若い方に話す機会も増えました。

私は１００歳まで生きて自分の体験を伝えたい。死んだら元も子もない、戦争は絶対にしてはいけない。ロシアの市民ともっと交流を広げて深めたい、私が見た戦争の姿を伝えて、日本が誤った方向に行かないように、子どもや孫がひどいめにあわないように、平和であってほしい、それが自分の責務です。

（２０２０年9月23日付　山沢猛）

四　ここにも戦争犯罪が

（1）戦跡を撮り続け、若い世代への「架け橋」に
――カメラマン安島太佳由さんに聞く

戦後75年は、カメラマンの安島太佳由さん（61）にとっても節目の年。国内外の戦争遺跡を撮り続けて、ちょうど25年です。「声なき声」に耳を傾け、「戦争の記憶」を伝える活動を続ける安島さんに聞きました。

――戦後75年を迎えた思いは？

安島　「戦争の風化」をひしひしと感じます。戦争・戦場体験者、遺族は高齢化し、年々少なくなっています。「戦争」を若い人たちにどう伝えていくか、私たちの大事な課題となっています。その点で、戦争遺跡は「物いわぬ語り部」として、若い世代に「戦争」を感じてもらえる「架け橋」になると確信しています。

安島太佳由さん

――一昨年に続き、今年も写真集を自費出版しましたね。

安島　『太平洋戦争　激戦地　慰霊景』です。昨年、沖縄・サイパン・ペリリュー・フィリピンをたどりました。

沖縄「慰霊の日」は、雨でした。涙雨だったのでしょうか。1944年、米軍の魚雷によって800人近い疎開学童が亡くなった「対馬丸」事件の記念館に行きました。犠牲者の少女の写真が印象的で、愛らしい笑顔が、胸を打ちました。

米軍に追い詰められ、多くの住民が身を投げたサイパンのバンザイクリフには、たくさんの追悼碑が立っていました。そのなかに韓国人の「慰霊塔」がありました。当時、朝鮮は植民地でしたから、韓国人犠牲者も少なくありませんでした。

■なぜ十字架か

――パラオ共和国のペリリュー島やフィリピンはどうでしたか。

安島　ペリリューは3度目です。44年の戦闘で、日米双方で1万人以上の戦死者を出したところです。この美しい島で、激しい殺し合いがあったことを思うと、言葉を失います。

フィリピンも3度目です。太平洋戦争で最も多い50万人の戦死者を出しました。今回の訪問で、日本軍の戦死者の墓には、十字架を使うことを知りました。身内を日本軍に殺された遺族が多く、日本人の墓だとわかると荒らされるといいます。フィリピンはクリスチャンが多く、十字架は苦肉の策だというのです。

――日本軍への悪感情があるのですね。

安島　その象徴が「バターン死の行進」です。フィリピン攻略作戦の際、日本軍は捕虜となった米兵、フィリピン兵を捕虜収容所までの約80キロを炎天下歩かせ、多数の死者を出しました。道路沿いには、死んでいく兵士の様子を絵にした標識が、遺族によっていくつも立てられています。

45年の米軍とのマニラ市街戦では、日本軍は市民を盾にしたため、10万人ものマニラ市民が殺されました。マニラの近郊では、日本軍追悼の記念碑は嫌がられるのです。ただ、特攻隊員の像が現地の人の手で、マニラ北部のマバラカット飛行場跡地に立てられています。最初に特攻隊が飛び立った飛行場です。「彼らも同じ戦争の犠牲者」という思いがあるのでしょう。

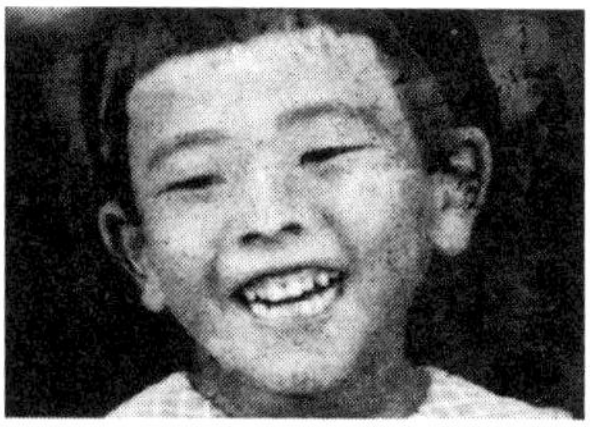

疎開船「対馬丸」事件で亡くなった少女

■でも忘れない

――そのほかでも、過去に多くのアジア各国を訪れていますね。

安島　日本軍に対する感情は、国によってさまざまですが、シンガポールの人たちの気持ちは独特だと思いました。あまり感情を前面に出さないのです。「許そう、でも忘れない」という考え方があるのだと思います。

42年から3年半にわたる日本占領は「シンガポールの歴史のなかで最

暗黒の時代」とされています。日本軍は占領直後、シンガポールによると5万人という「抗日分子」を虐殺しました。67年には日本占領時期死難人民記念碑（血債の塔）が立てられました。

まだ戦争は終わっていないとつくづく思います。人と人とが殺し合う戦争は、絶対に起こしてはならないとの思いを強くしています。

マニラ市街戦で犠牲になった市民の「慰霊碑」（ルソン島）

やすじま・たかよし　1959年生まれ。95年から「日本の戦争」をテーマに活動。2002年第8回平和・協同ジャーナリスト基金賞奨励賞受賞。10年「若い世代に語り継ぐ戦争の記憶」プロジェクト開始。

写真集『太平洋戦争　激戦地　慰霊景——沖縄・サイパン・ペリリュー・フィリピンを辿る』はA4判、1500円（税込み）。問い合わせ＝TEL090（1030）6827　メール photo@yasujima-takayoshi.com

（2020年8月15日付　徳永慎二）

(2)「拝謁記」にみる昭和天皇　再軍備のため改憲明言
――一橋大学名誉教授吉田裕さんに聞く

戦後の初代宮内庁長官を務めた故・田島道治《みちじ》が、昭和天皇との600回に及ぶ対話を記録した手記(1949~53年)が公開されました。「拝謁記」と題された手帳やノート計18冊。遺族から提供を受けたNHKが一部を公表しました。この内容の歴史的意味について『天皇の昭和史』(共著)などの著書がある吉田裕《ゆたか》・一橋大学名誉教授に聞きました。

■戦争「反省」も責任転嫁

「拝謁記」からは二つの大きな問題が見えてきます。一つは戦争責任に関わる問題です。

昭和天皇はサンフランシスコ講和条約発効後の日本の独立を祝う式典(1952年5月)で、戦争への「反省」を表明したいと田島に伝えていました。天皇は悲惨な敗戦に導いた責任について、国民に釈明する必要があることを強く認識していたのです。

これに吉田茂首相が反対し、「反省」の「お言葉」は実現しませんでした。このことは従来の研究で知られていましたが、詳しいやりとりを記した資料の公開は今回が初めてです。

資料を見ると、吉田は責任問題を棚上げにして、経済復興から高度成長へとかじを切っていきたいと思っていたようです。下手に反省の「お言葉」を天皇が発表すると、議論に火がついて「寝た子を起こす」結果になりかねないと危惧していました。そこでは天皇と対立しています。

ただし「反省」の内容自体は、責任転嫁という色合いが非常に強いと感じます。

一つは「下剋上」を止められなかったと繰り返し言っていることです。この時期の下剋上とは、陸海軍の中堅のエリート将校層が上層部を突き上げることによって、自分たちの戦争遂行政策を実現させようとしたことを指します。

しかし実際はこの動きを統制しつつ、最終的には天皇を含めた上層部が中堅層の政策を正式に承認して、国の基本政策にしたという経過があります。天皇や上層部はロボットではありませんでした。そうした経過を全く無視しているところが問題です。また、政治家では近衛文麿の責任について、繰り返し言及しています。

■南京事件は認識、天皇自ら認めた

天皇は南京事件についても、軍の正式な報告ではないけれども一応知っていたという趣旨の話をしています。当初から知っていたことを天皇自身が認めている資料は初めてです。

天皇が南京事件の情報を知り得たのなら、大元帥として何らかの措置を取る必要がありました。しかし、その形跡はありません。

結局「反省」が公にならなかったことで、戦争責任の問題は国内的にも対外的にもあいまいになってしまいました。国内的には天皇のみならず、政治家・官僚の責任や、さらには国民が戦争に協力してきたことの意味をどう考えるのか。そうした議論が封印されてしまった。そのことが悔やまれます。

対外的には71年に天皇がヨーロッパを訪問した際、イギリス、オランダなどで天皇の責任を問う厳しい世論に直面しました。日本では済んだつもりでいた戦争責任が、多大な犠牲を強いられたアジア諸国のみならず、捕虜を非人道的に扱われたイギリスなどでも決着がついていなかったのです。そのことにマスコミも初めて気がつきました。

他方で今回の資料は、先の戦争はアジア解放のための戦争だったとする、侵略戦争を肯定する立場の人たちにとっては明らかに打撃です。天皇の意識に即しても、そういう評価は成り立ちません。

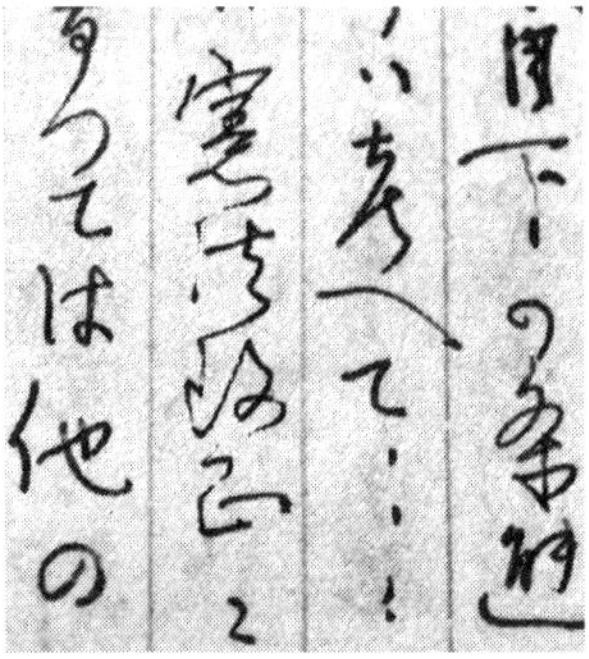
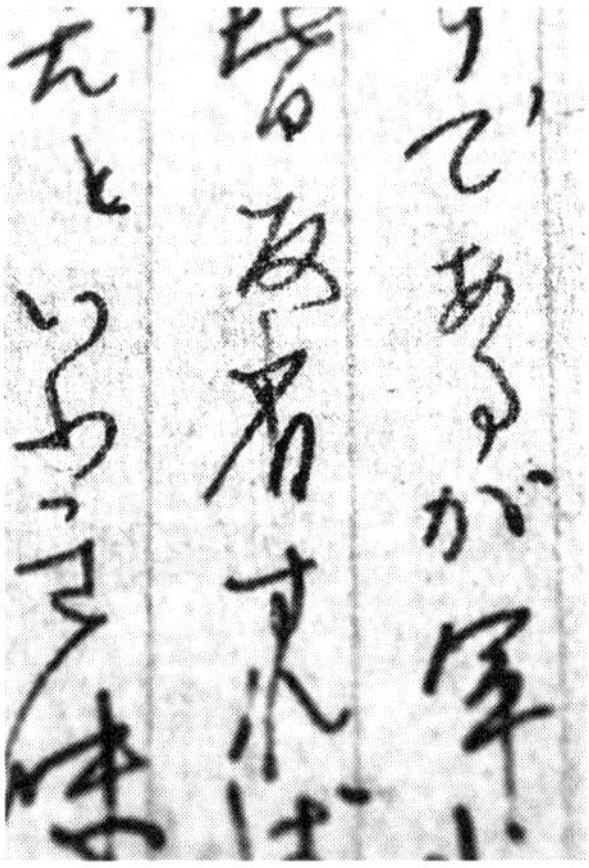

上：1952 年 2 月 11 日付の「拝謁記」で「憲法改正」について述べている部分
右：1952 年 2 月 20 日付の「拝謁記」。南京事件の「反省」をのべている部分

「拝謁記」のもう一つの大きな問題は、天皇の政治的発言です。天皇は再軍備を進める立場から憲法改正を主張しています。なおかつ、自分の考えを吉田首相に伝えたいと言っている。これは明らかに天皇の国政関与を禁じている憲法に違反する行為です。

天皇は保守党が分裂している時期、「真ニ国家の前途を憂うるなら保守ハ大同団結してやるべき」

（53年3月12日）だとも語っています。田島は天皇の政治関与は「新憲法でハ違反になります故」、「何も遊ばす事ハ不可能」と天皇をいさめていました。

昭和天皇は、明治憲法と日本国憲法という二つの憲法を生きた天皇でした。そのため日本国憲法の下での象徴天皇という自覚が十分身についていませんでした。明治憲法下と同じような君主として、依然として振る舞おうとしたわけです。

天皇が「象徴」という規定を、儀礼的存在としてではなく、権威主義的に元首に引き寄せて解釈していたことは、これまでの研究でもいわれてきました。「拝謁記」はそのことを天皇自身の言葉で、非常に生々しく記録した貴重な資料です。

〈「拝謁記」から抜粋〉

○張作霖爆殺

52年5月30日「下剋上を早く根絶しなかつたからだ。田中（義一）内閣の時ニ張作霖爆死を厳罰ニすればよかつたのだ」

○南京事件

52年2月20日「支那事変で南京でひどい事が行ハれてるといふ事をひくい其筋《そのすじ》でないものからウスヽ（うすうす）聞いてはゐ（い）たが別ニ表だつて誰もいはず従つて私は此事（このこと）を注意もしなかつたが市ケ谷裁判で公ニなつた事を見れば実ニひどい。私の届かぬ事であるが軍も政府も国民もすべて下剋上とか軍部の専横を見逃すとか皆反省すればわるい事があるからそれらを皆反省して繰返したくないものだ」
○太平洋戦争
51年12月17日（天皇なら太平洋戦争を開戦前に止められたのではないかという疑問に対し）「そうだらうと思ふが事の実際としてハ下剋上でとても出来るものではなかつた」
○「反省」の言葉
52年1月11日「例の声明メッセージには反省するという文句ハ入れた方がよいと思ふ　此前《このまえ》長官は反省するといふと政治上の責任が私にあるやうにいいがかれるといけないといつたが私ハどうしても反省といふ字をどうしても入れねばと思ふ」
52年2月20日「反省といふのは私ニも沢山《たくさん》あるといへばある」
○改憲・再軍備
52年2月11日「私は憲法改正ニ便乗して　外《ほか》のいろ〳〵（いろいろ）の事が出ると思つて否定的ニ考へてたが　今となつては他の改正ハ一切ふれずに軍備の点だけ公明正大に堂々と改正してやつた方がいゝ様ニ思ふ」
52年2月18日「吉田ニハ再軍備の事ハ憲法を改正するべきだといふ事を質問するやうにでもいはん方がいゝだらうネー」

（2019年9月8日号日曜版　本吉真希）

（3）「秘密戦」実行部隊を免責
――『帝銀事件と日本の秘密戦』著者の山田朗明治大学教授に聞く

山田朗明治大学教授は20年7月に『帝銀事件と日本の秘密戦』（新日本出版社）を刊行しました。この本で何を明らかにしたのか、聞きました。

帝銀事件が起きたのは敗戦3年後の1948年1月26日。銀行強盗殺人事件で12人が毒殺された、日本の犯罪史上に残る事件です。物証がきわめて少なく、被害者の体に残された毒物も「青酸化合物」というだけで、青酸カリなどと特定できませんでした。

■「捜査手記」を1年かけ分析

捜査資料として当時の警視庁捜査一課の、甲斐文助係長の私的な覚書「甲斐捜査手記」が残されています。全12巻3000ジペーに及ぶもので、警視庁の捜査員が特捜本部で行った報告のほとんどを鉛筆で走り書きしたものです。現在は、帝銀事件の犯人とされた故・平沢貞通《さだみち》再審請求弁護団が所蔵しています。

この「手記」は捜査の過程がわかる、残されたたぶん唯一の資料です。私は約1年かけて分析し、先行する研究にも学びました。

捜査本部は、犯人の手際よい毒物の扱いや慣れた殺人のやり口から、旧軍機関や部隊を疑い、次々と調査を広げました。するとのちに、旧「満州」での人体実験で知られる７３１部隊だけでなく、毒物などを扱っていた20以上の軍機関・部隊が捜査線上にあがってきました。１９４８年の時点で、秘密戦（生物戦、化学戦、謀略戦の総称）部隊のほぼ全貌を記録したことは驚くべきことです。

ところが、捜査陣は決定的証拠がないまま、軍関係の捜査を全部やめてしまいました。

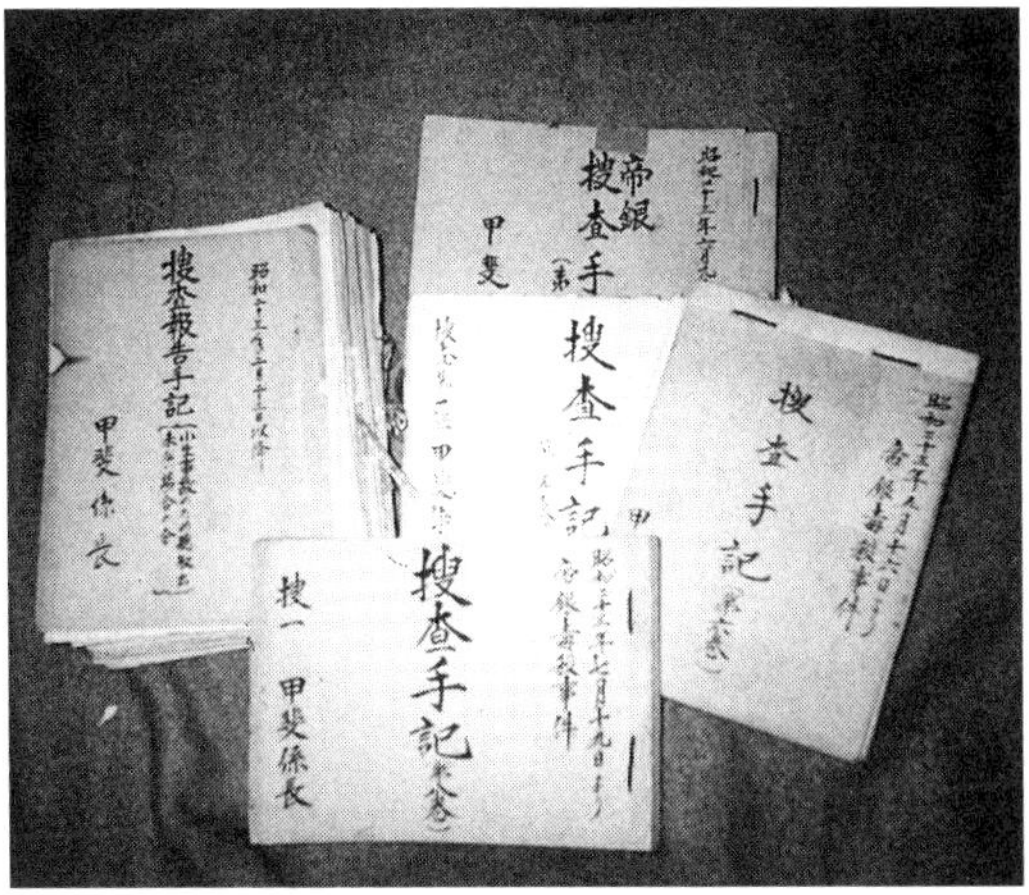

「甲斐捜査手記」の一部（山田氏提供）

■持ち越された戦前的な要素

捜査の壁の一つは、アメリカが支配するＧＨＱ（連合国軍総司令部）と旧軍関係者が結託した秘密厳守と戦犯免責でした。

当時、旧ソ連のハバロフスクで、シベリアに抑留された日本の７３１部隊隊員の裁判が行われ、証言も始まっていました。もしソ連に、日本にいる石井四郎など軍幹部の引き渡しを求められれば、人体実験などのデータもソ連に独占される――。これを恐れたアメリカは、７３１部隊をはじめ秘密戦部隊をすべて囲い込んでしまったのです。

帝銀事件の犯人捜査が秘密戦の全貌に近づいている

ことをつかんだＧＨＱは、旧軍関係者が捜査に協力しないよう要請しました。そのかわり戦犯免責という「ギブ・アンド・テーク」がされました。

もう一つの壁は、犯人の「変装」でした。生き残った人の証言から「ごま塩頭」「五十歳前後」などの「似寄り写真」のビラが作られ配布されましたが、特殊部隊である中野学校や登戸研究所などが得意とする変装の問題は、捜査の対象になりませんでした。

私がこの事件を調べはじめた一つの目標は、戦後に持ち越された戦前的要素を追及することです。その結果、帝銀事件にたどり着いたのです。

帝銀事件の翌年には下山、三鷹、松川事件という謀略事件が起き、これらと比べると、政治的な意味合いが薄いといわれてきました。

しかしこの時期、戦時中に人体実験など非人道的なことを行い証拠があるのに彼らを裁かない、むしろアメリカが保護するという、占領政治のダブルスタンダード（二重基準）が見えはじめます。

■「逆コース」が始まっていた

戦後の民主化路線で、捕虜虐待などＢＣ級戦犯裁判が日本を含むアジア49カ所で行われている真っ最中でした。一方で、まったく逆の動き、多くの捕虜を虐殺した秘密戦の実行部隊が免責されます。思っていたよりも早く、敗戦直後に「逆コース」が、この事件の捜査過程から始まっていたのです。

帝銀事件へのＧＨＱの介入は以前からいわれてきましたが、旧陸軍の幹部がＧＨＱと結びついて暗躍していることが重要です。軍有力者である有末精三《ありすえせいぞう》（敗戦時中将、参謀本部第2部長で秘密戦の総元締）や、服部卓四郎《はつとりたくしろう》（大佐、参謀本部作戦課長）は公職追放もされず、厚生省復員局などにいて、GHQの顧問、接待役になっていました。重い戦争責任を持っていた人物がGHQに使われています。

有末らが流す情報いかんで旧軍人は戦犯にされるか、GHQに協力するかを迫られます。服部卓四郎もGHQのウイロビー少将に頼まれて、日本の再軍備の計画をつくります。「甲斐捜査手記」をもとにこうしたことを本書で描きましたが、アメリカに免罪された秘密戦部隊のすべてを白日のもとにさらすことが必要です。

〈帝銀事件とは〉

東京・豊島区の帝国銀行椎名町支店に厚生技官を装った犯人が来て、「赤痢の予防薬」と称してまず自分が飲み、銀行員たちに毒薬を飲ませて、現金や小切手を盗んだ事件。画家で毒物の知識がない平沢貞通氏が逮捕され、一度「自白」するものの、裁判で一貫して無罪を主張、死刑判決への再審請求が認められないまま1987年に獄死。

やまだ・あきら　1956年生まれ。平和教育登戸研究所資料館長。『日本の戦争』シリーズⅠ・Ⅱ・Ⅲ（新日本出版社）など著書多数

（2020年9月7日付　山沢猛）

（4）大日本帝国とアジア支配、戦後の引き揚げ者の悲劇

——国文学研究資料館准教授加藤聖文さんに聞く

戦後、日本の植民地や占領地から引き揚げてきた民間人が320万人近くいます。その全容と植民地帝国の崩壊の実態を解明したのが、『海外引揚の研究　忘却された「大日本帝国」』（岩波書店）です。著者の加藤聖文・国文学研究資料館准教授（日本近現代史、東アジア国際関係史）に聞きました。

戦争が怖いことの一つは、突然、これまでの秩序が崩壊してしまうことです。1945年の8月15日以降を「戦後」といいますが、15日の昭和天皇の「玉音放送」（「終戦の詔書」）で〝戦争が終わり、これからは復興だ〟というのは、日本本国にいた日本人の感覚でしょう。

日本のかいらい国家「満州国」（中国東北部）や、他の東アジア、東南アジアの「大日本帝国」の植民地・占領地域では戦後が始まったわけでなく、戦前の清算がはじまりました。これらの地域はヨーロッパよりはるかに広く、日本人だけでなく、「帝国臣民」だった朝鮮人や台湾人の他、

占領地にいた中国人やモンゴル人たちも、ほぼ1年間、無秩序状態に投げ込まれました。

■残留した民間人、国際政治に翻弄

戦後の日本政府は8月15日で「戦前」と「戦後」を切り離し、植民地や戦争にまつわる問題は「大日本帝国」の話として切り捨てました。植民地や占領地からの引き揚げ者も「大日本帝国」の遺児のように扱われ、戦後日本社会のなかで日陰者のような存在となりました。

320万人近くにのぼった引き揚げ者のなかで一番多かったのが「満州国」からの引き揚げ者です。なかでも悲劇的だった満蒙《まんもう》開拓団は、自由意志ではなく国策で送りだされた点で特異な存在でした。

加藤聖文国文学研究資料館准教授

「満州国」を実質的に支配していた日本の関東軍は、満蒙開拓団や満蒙開拓青少年義勇軍をソ連との国境付近に送り、有事の際の防衛拠点にしました。ソ連の参戦で犠牲者が多く、逃避行も悲惨でした。

奉天（瀋陽）、新京（長春）、ハルビンなどの大都市に住んでいた日本人と、開拓団とは全く異なる環境に置かれたのです。

敗戦の際、日本政府は海外にいる民間人の

「現地定着方針」を決定しましたが、その理由は〝降伏したのだから、連合国が助けてくれるのではないか〟というきわめて甘い期待があったからです。しかし、現実には海外に残留した民間人は、冷酷な国際政治に翻弄されました。本ではその過程を詳しく追いました。

■「臣民」とされた朝鮮人や台湾人

引き揚げを考える際、忘れてはならないことは、これは日本人だけの問題ではないということです。「玉音放送」のとき「忠良なるなんじ臣民」と呼びかけられた「帝国臣民」は日本人だけになっていました。しかし、敗戦まで朝鮮人や台湾人も「帝国臣民」として扱われ、「大日本帝国」の拡大とともに各地に移り住んでいました。彼らも帝国の崩壊によって故郷への帰還に迫られます。しかし、日本政府は敗戦と同時に彼らの保護責任を放棄したため、自力で故郷に帰らなければなりませんでした。

8月15日をもって「大日本帝国」を意識的に切り離したことが、植民地の人びとをめぐる補償問題の根っこにあると思います。

戦後の早い段階で、「大日本帝国」が与えた被害は日本政府が補償するという包括的な法律を作っておけば、BC級戦犯や「慰安婦」問題などその後に問題が発生しても対処できたと思います。

日本の明治維新以降の近代史は、アジアの近代史でもあります。近代の日本はアジア諸国を支配し、影響を与えました。一国ではなくアジア史として考えるべきです。そのためにも若い人たちに、75年前まで実在した「大日本帝国」の歴史を知ってもらいたい、引き揚げ者の存在を知ると、彼らは何をしていたのだろう、そもそもなぜ海外に渡ったのだろうと考えるでしょう。すると、そこから近代の日本とアジアとの切り離せない関係が見えてきます。その歴史を正視するなかで、アジア諸国との相互理解はもっと深まっていくと思います。

かとう・きよふみ　１９６６年生まれ。人間文化研究機構国文学研究資料館准教授。著書に『「大日本帝国」崩壊』『満蒙開拓団』ほか

（２０２１年2月12日付　山沢猛）

Ⅲ部　「証言　戦争」から

（1）沖縄占領も原爆投下も知らず――猪狩和子さん

5人姉妹の三女に生まれた猪狩和子さん（88）。「女ばかりでお国にささげる命がなく申し訳ない」が祖母の口癖でした。1944年から集団疎開が始まり、妹2人は養護教員として児童を引率する母とともに群馬県へ。猪狩さんは姉2人と祖母と住んでいた東京都北区（当時王子区）豊島1丁目に残りました。

同年、12歳で高等女学校に入学。おとなの仲間入りし「帝都を守る隊列に加わった」と誇りを感じました。まともな授業は行われず、竹やりでの攻撃や負傷者を救護する訓練に明け暮れました。「女子は兵隊に行けないから看護婦になって従軍するのが憧れ。上級生を相手に三角巾の使い方や止血の仕方を練習しました」

■皇居前で土下座

東京への空襲はサイパン島陥落後の44年11月から本格的に始まります。北区域は12月に初の空襲を受け、最大の被害は45年4月13日夜から14日未明にかけての城北大空襲でした。王子区では区役所や陸軍兵器補給廠《しょう》などの官公署、王子製紙など民間工場が焼失しました。

猪狩さんの自宅や女学校も焼けました。建物疎開跡の空き地に避難し、家が燃えるのをただ眺めていたといいます。「それまでバケツリレーや火はたき（火元をたたいて消す大きなはたき）で訓練していた。あんなもので空襲の火が消せるはずがないのに」。祖母は防火訓練ではしごから落下した骨折がもとで終戦直前の7月、「アメリカが憎い」と言って亡くなりました。

猪狩和子さん

自宅を焼けだされてもなお、猪狩さんは日本が戦争に勝つことを疑いませんでした。学徒動員で印刷工場に派遣され紙幣を刷る業務の補助に携わります。

8月15日。おとなたちから「日本は負けたらしい」と聞き、皇居前広場に足を運びました。「私たちの力が足りず神風を呼ぶことができませんでした」と土下座して天皇にわびました。

「沖縄の占領も原爆投下も知らない子どもだった。情報の統制と戦前の教育が軍国少女を生みました」

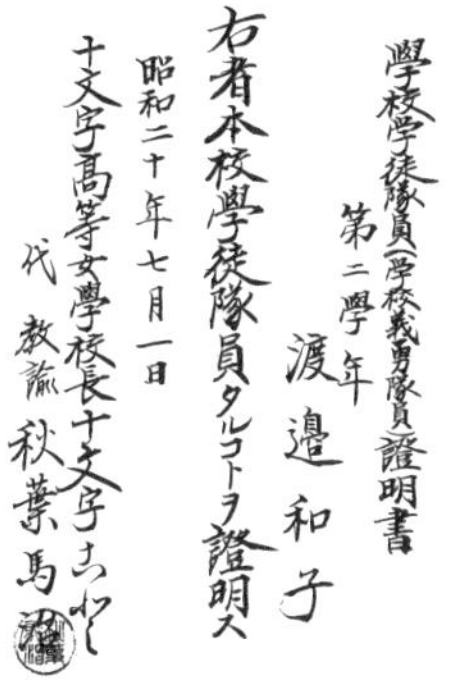

學校學徒隊員（學校義勇隊員）證明書
第二學年
渡邉和子
右者本校學徒隊員タルコトヲ證明ス
昭和二十年七月一日
十文字高等女學校長十文字こと
代 教諭 秋葉馬治

女学校焼失後、工場に動員された時の身分証明書（複写）。校印がなく教頭の実印を押した

■戦争反対に驚き

終戦直後は食糧難とのたたかいでした。女学校は休学扱いのまま。すぐ上の姉が音楽大学在学中に「卒業し就職したら復学させる」と約束しましたが、かないませんでした。「だから私の最終学歴は国民

学校卒なんです」

生活のために14歳で銀行に就職し、職場結婚して定年まで勤め上げました。

治安維持法でとらわれた人たちの解放をニュース映画で知り、戦争に反対した人がいたのだと驚きました。「二度とお上にだまされたくない」との思いから新憲法が公布・施行されてもすぐ読まず、『あたらしい憲法のはなし』から学び直したのは結婚後でした。

「職場で組合にかかわり労働者の権利を自覚するなかで、実体験と憲法が結びついていったと思います」

今も憲法や安保条約についての学習を怠らない猪狩さん。「国民がよく勉強しないと、あっという間に憲法が変えられてしまう。権力を縛る憲法を理解しない安倍さんにこれ以上任せてはいけないね」

（2020年8月14日付　古荘智子）

（2）壊れた心、父は苦悩――川久保良治さん

戦争体験によって生涯にわたり心をむしばまれた人たちがいます。埼玉県川口市の川久保良治さん（78）の父も、日本の侵略戦争によるＰＴＳＤ（*）（心的外傷後ストレス障害）に苦しめられてきた一人です。

「一言でいって狂気です。ＰＴＳＤの症状が出ると手に負えなかった」

父・平治さん（1993年に85歳で病死）をそう語る良治さん。教員だった父は2度、陸軍兵として中国戦線に送られました。

川久保良治さん

■戦場の記憶に

終戦後に帰国。父、母、兄、妹2人の6人暮らしが始まりました。戦争のことは「聞いても話さなかった」父は、夜な夜なうなされていました。

「うー、うー」という大声に「お父さん、どうしたの！」と揺り起こすと、「1《メートル》そばで戦友がぶち抜かれた夢をみ

1942年頃、家族で住んでいた中国・天津の宿舎前で。母に抱かれているのが良治さん。この後、家族は帰国し、父一人が終戦まで中国に残りました

た」と我に返る。そんなことが週に1、2度、良治さんが高校を卒業して家を出るまで続きました。

良治さんが中学生の頃、いつものように父にバリカンで散髪をしてもらっていたときのことです。

「南京大虐殺って知っている？」。良治さんが何気なく尋ねると、それまで冗舌だった父がぱっと話をやめ、手を止めました。「表情は見えませんでしたが、空気が凍りついたことを鮮明に覚えています」

父は1枚の写真を棚にしまっていました。写っているのは「頭と手足のない人間の胴体」。「なぜ戦場から持ち帰ったのか、なぜ捨てられなかったのか……」。最近になって父は妹に「南京攻略に行った」と話していたことが分かりました。

普段は「穏やかで、優しい」父でしたが、戦場での記憶や感情がよみがえったときの暴力は壮絶でした。

かまどの火起こしがうまくいかないからと、まきで息子の頭を殴り流血させる。兄を半殺しになるまで殴る。いつ出るか分からない父の怒鳴り声と拳に家族は「絶えずビクビクしていました」。

戦後、高校の体育教師として定年まで勤めた父。同じ学校に通う良治さんは、授業中に突然怒鳴りだす父の姿を「なんとも苦しい思い」で見ていました。

■生還も犠牲者

晩年、脳梗塞を患い入院先で亡くなった平治さん。会話が成り立たない状態になっても怒鳴りちらすため、転院をくり返しました。戦場で服用したマラリアの薬・キニーネの副作用である耳鳴りにも悩まされつづけました。

「おやじは最後まで戦争に苦しめられた。いくら生きて帰ってきても犠牲者です。本人も家族も」

一方で親子の思い出もあります。

本来は子煩悩でスポーツマン。夏は川で水泳を、冬は山でスキーを教えてくれた「自慢の父」でもあります。

「戦争がなければ、あんないいおやじ、いないと思う。戦争は勝ち負けの問題じゃない。軍事力で支配する時代はもうやめないと。父のような犠牲者を出さないためにも」

（＊）ＰＴＳＤ（心的外傷後ストレス障害）

戦争や災害などの強いストレスによって心身に深刻な変調をもたらす病気。ベトナム戦争や米国の「対テロ戦争」の帰還兵で多発し社会問題に。アジア・太平洋戦争に送られた旧日本兵の多くに同様の症状がみられました。「戦時神経症」と呼ばれ、カルテは焼却命令が出され、長く隠されてきました。
イラク・インド洋派兵（２００１年〜10年）を経験した日本の自衛隊員56人が自殺。政府は14人が精神疾患によるものと答弁しています。

（２０２０年8月20日付　芦川章子）

（3）ソ連軍に追われ命がけで引き揚げ――平田巖さん

「当時3歳の弟と生後3カ月の妹は、折り重なるように人でいっぱいの貨車の中で窒息死しました。本当に悲惨だった」

日本が支配していた「満州」（中国東北部）の旧ソ連国境に近い東安（現密山市）で生まれ育った平田巖《いわお》さん（84＝熊本市）は、太平洋戦争が終わった1945年から翌年にかけての避難と引き揚げの体験を「命がけだった」と振り返ります。

同年、日本本土では米軍による空襲が激化し、人々は飢えに苦しんでいましたが、「満州」では平穏な日常が続いていました。

■手当てもできず、幼い弟・妹の死

穏やかな生活が一変したのは、8月9日の朝でした。

「ソ連軍が国境を越えて進撃してきたので、牡丹江まで退避します。正午までに荷物をまとめて社宅の前に集合してください」

満州拓殖公社の指示で、9歳の巖さんは母と2人の弟、妹の5人で数日分の食料と着替えを詰めたリュックサックを持って集合場所に行

平田巖さん

きました。突然の避難でした。
その日は避難列車が次々と東安駅を出発し、巖さんたちが駆け込んだころには客車は1両も残っていませんでした。「貨物列車に荷物のように押し込まれ、ようやく乗ることができた」といいます。離れた街にいた父は大急ぎで東安に戻り、発車間際に巖さんらを見つけました。
夜が明けて間もなく、列車はソ連軍戦闘機の機銃掃射を受けました。

「前の車両からバラバラと銃撃の音が響き、真っ暗な貨車の中で身をかがめた。屋根を突き破った銃弾の破片が頭に当たり『もうだめだ』と思った」

破片は頭にかぶっていた布団の真綿を貫通せず、巖さんは助かりました。しかし、周りにいた人は血まみれで、同じ社宅に住んでいた友達兄弟とその母親が破裂した爆弾で即死。その母親におんぶされていた2歳の子は、かすり傷ひとつ負わず取り残されました。銃弾が口から腹にかけて貫通して死んだ人もいました。

蒸し風呂のような暑さで息苦しくなる貨車の中。戦闘機が去ったあと、ようやく外に出ることができました。父は冷たいレールの上に子どもたちを寝かせ、近くの用水路からくんできた水を飲ませました。巖さんと上の弟は息を吹き返しましたが、下の弟はかすかに目を開いて「お水ちょうだい」と言ったきり息を引きとり、意識のない妹はだんだん冷たくなりました。「父と母は手足をつねったり、たたいたりして生き返らせようと必死でしたが、医者はおらず、何の手当てもできなかった」と悔やみました。

数時間後に列車が動きだし、次の日の夜に牡丹江駅に到着すると、ホームには200人ほどの遺体が並べられていました。

■安堵感わかない

牡丹江から南下する避難列車の中で、巖さんは日本の「敗戦」を知りましたが「戦争が終わった実感もなく、安堵《あんど》感も感慨もわかなかった」といいます。

巖さんたちは、日本に引き揚げるまでの約1年間を新京（現長春市）にある満州拓殖公社の社宅で過ごしました。

ようやく引き揚げの命令が出たのは、46年7月のことでした。巖さんたちは錦州に滞在後、葫蘆《ころ》島から引き揚げ船「信濃丸」に乗り込み、船底で下痢と船酔いに苦しみながら上陸地の福岡・博多港に到着しました。しかし、船内でコレラ患者が発生したため、上陸は中止になりました。船は長崎の佐世保港に回航し、沖合で3週間ほど待機。上陸の許可が下りたのは、8月27日でした。

上陸後、巖さんたちは郷里の熊本に帰りました。終戦から約10年間、日本では「衣・食・住」欠乏の困難な生活が続きました。

巖さんはいいます。

「これらの悲惨な体験は、日本が近代化した明治維新以後、日清、日露、日中、太平洋戦争と続いた侵略戦争政策の一コマだったと思います。私たちは、東京大空襲、沖縄戦、広島・長崎の原爆など、３００万人以上の尊い命と引きかえに『平和憲法』を手にしました。二度と戦争を起こさないために、この憲法を守り続けていかなければなりません」

（２０２０年8月22日付　丹田智之）

（４）先生も子も一色に――飯尾博さん

〝ひとたび重大事態があれば天皇のために命を投げ出せ〟と教え込んだ戦前の教育勅語。千葉県東金市の飯尾博さん（89）は、教育勅語を当然のこととして少年時代を過ごしました。

東金市で生まれた飯尾さんは父親の仕事で愛知県豊橋市で幼少期を過ごし、１９３７年に東京都世田谷区の小学校に転校しました。授業で避難訓練、バケツや砂袋で焼夷弾の火を消す防火演習がありました。

飯尾博さん

「当時戦争の真っただ中で、みな戦争一色。御真影（天皇の写真）が飾られた泰安殿《ほうあんでん》での敬礼の仕方も厳しく決まっていました」

教育勅語について、先生はもちろん子どもたちも疑問を持たなかったといいます。「特に紀元節などの四大節の時には、校長先生自らが教育勅語を唱和し、生徒たちは微動だにせずに聞いていました。私もそれが当たり前だと思っていました。当時は体育館がなく、教室を二つつなげて式場にしていました。とても厳しい指導で、ちょっとでもふざけたら怒られました」

生活に必要なものが乏しく、ひもじい思いをしました。「特に食べ物は配給制でとても貴重でした。弁当も、ご飯の中に梅干しが一つの日の丸弁当ばかりで、豪華な弁当だと『非国民だ』などとクラスメートに言われることもありました」

■芽生えた疑問

苦しい生活が続くので「日本が負けるのでは」と言っていた友人もいました。「私も、日本が勝っているとは思えませんでした。新聞はいつも優勢と報道していましたが、生活は苦しいままで空襲も激しくなる一方。子どもながらに矛盾に気が付いていました」

軍隊に召集され、先生がいなくなることも。「帰ってこない人も出てきました。軍隊でタイピストをしていた女性の子どもが『自分には父親がいない。お父さんを買って』と泣きついたという話を戦後に聞きました」

飯尾さんは中学生の頃に軍人を目指して試験を受け、陸軍幼年学校に入学します。子ども時代では唯一衣食住が確保された生活。「今まで欲しくても手に入らなかったものが全部手に入り、これでいいのだろうかとも思った」と振り返ります。

授業では本格的な軍事訓練を行う教練の科目が始まりました。軍隊から派遣されてきた配属将校の下で、歩兵操典という隊列を組んでの行進や集団行動などの訓練に打ち込みました。

「すべての行動には講釈がついていました。『不動の姿勢（気を付け）』とは、『軍人基本の姿勢なり。ゆえに軍人精神内に充溢《じゅういつ》し、外厳粛端正ならざるべからず』と言われていました」

■『心得』を保存

生活は充実しても、「何のためにこの学校に来たのか」と考えると子どもながらに怖くなりました。「空襲で爆撃機が飛んできたときはとても参りました。『タコつぼ』と称して穴を掘り逃げ込んだこともありました」

幼年学校でも戦争に疑問を持つ友人はいたという飯尾さん。「歴史の時間に、日本の歴史がおかしいと教官にたて突いた子どももいました。その時の教官は文官教官で理解があり、怒ることはしませんでした」

当時の陸軍幼年学校生徒心得

当時使用した『陸軍幼年学校生徒心得』が手元に残っています。「終戦後、戦争の証拠を消すために『心得』を全部焼けとの命令が出されました。私はたまたま疎開と称して会津の方へ引っ越すことになり、その先発隊として出かけていたので命令を知りませんでした。同期生の間では宝物扱いされました」

「自分が戦死したら英霊として奉られ、靖国神社に行くという予定をキャンセルしてからもう75年がたった。

たくさんの先輩が靖国に行ってしまった中、自分でもよく生きてきたと思います」

憲法改悪や教育勅語を復活させようとする動きに対し、飯尾さんは口調を強めます。「不届きなものです。すべては天皇のために役立つようになれと強制するのが教育勅語です。こんな動きは止めるしかありません」

（2020年8月24日付　井上拓大）

（5）特高の拷問から逃れて――朝倉彰子さん

「『ひたひた』、次第に近づく『ザクザク』という音は、特高警察の足音ではなかったか」。朝倉彰子さん（79＝岡山県倉敷市）は耳に残る記憶を思い起こします。

日本共産党員の父、山本鶴男さんと日本労働組合全国協議会の活動家だった母、みづほさんは当時から戦争に反対し、治安維持法によって幾度も逮捕されました。母は両手を縛られ天井からつり下げられ、父は殴る、蹴るのうえ、そろばんの上に正座させられ、全部の指の間に鉛筆を挟んで手を締め付けられる拷問を受けました。

朝倉彰子さん

■敗戦後も滞在

迫害を逃れ、一家は母の弟を頼って「満州」（中国東北部）に渡りました。1943年11月、朝倉さんが2歳のときでした。父は叔父が経営する奉天のせっけん工場で働き、母は撫順《ぶじゅん》市郊外の牧場で中国人苦力（クーリー）を管理する仕事に就きました。朝倉さんは牧場の牛や馬、豚、アヒル、ロバ、ラバを眺め、大好きな牛乳を食事代わりに飲

朝倉さんの兄妹。（左上から時計回りに）兄の浩さん、長姉の和子さん、三姉のかほるさん、満州に行かなかった次姉の恵さん、朝倉さん、弟の誠さん、四姉のみどりさん。帰国後、岡山市で

んで幸せな時を過ごしました。

45年5月に父が召集され、残された母と7人の子どもで8月の敗戦を迎えました。

日本政府が「満州」の日本人を帰国させる措置を取らなかったため、朝倉さんたちは敗戦後も11カ月間、転居した撫順市にとどまりました。

一家が撫順市を出発し、列車に乗り込めたのは46年7月。持ち物が制限される中、母は牧場の豚肉の干物をリュックに入れ、着物をほどいて持ち帰りが許されていた布団に仕立てました。列車は貨物用で屋根がなく、夏の日差しや雨にさらされる帰国の旅でした。

葫《こ》蘆《ろ》島からの乗船を待っていた錦州の収容所では、飢えや病気で多くの人が亡くなりました。大きな穴を掘り、遺体を投げ込む仕事に兄も参加させられました。朝倉さんにはこの収容所で忘れられない出来事があります。朝倉さんの隣で同じ年頃の姉妹が見守る中、母親が力尽きたことです。生きている間から体にウジがたかり、だんだんと死んでいきました。泣いていた姉妹がその後どうなったのかわかりません。

■平和憲法守る

一家は収容所を出て葫蘆島から病院船に乗りました。弟の高熱が続き、妹が栄養失調だったためです。一家は船底の遺体安置所近くに雑居し、運ばれる遺体がすぐそばを行ったり来たりしました。いったん安置し、しばらくすると甲板から海に捨てていたのです。朝倉さんは「その臭いが忘れられない」といいます。現在の福岡県博多港沖で2週間ほど停泊し、その間に多くの人が亡くなりました。定員1300人の船でしたが、上陸したときは2割ほどしか生きていませんでした。

母と子ども全員が生還し、翌年1月に父が抑留されていたシベリアから戻り家族がそろっても、生活は厳しいものでした。家業の養鶏は採算が合わず、一家は鶏のエサの菜っ葉の残りを炒めて食べました。布団にして持ち帰った着物も、縫い直して売りました。

父は戦後、党活動を再開します。朝倉さんは小学生の頃、警官から必死に逃げる夢をよく見たと言います。この体験があるため朝倉さんはいま「日本の戦争を止められなかったのは、反対した人を弾圧したから。二度と治安維持法の時代に戻してはいけない」と訴えています。「あの戦争を少しでも記憶している最後の世代として、平和憲法を守り抜きたい」

（2020年8月28日付　小梶花恵）

（6）国立図書館も軍に協力――山崎元さん

戦前の公立図書館は、戦争協力を余儀なくされた――。国内唯一の国立図書館だった帝国図書館＝東京・上野＝では、日本軍が占領した中国はじめアジア各国から略奪した10万点以上の出版物や情報資料などが運び込まれ、また特別高等警察（特高）による閲覧者の思想調査に協力していました。

東京都杉並区の山崎元さん（91）は、旧小石川区（現文京区）で明治から続くウナギ屋だった実家が閉業したため、小学校卒業と同時に家計を支えなくてはいけませんでした。

夜間中学校に通いながら中学校の理科実験助手として働いていましたが、図書館職員の募集案内を見て転職。1944年8月、当時14歳で帝国図書館に採用されました。

「立場は役人の一番下っ端の〝雇《やとい》〟で日給は80銭だったけど、もともと本が好きで当時約100万冊を所蔵する帝国図書館での仕事に魅力を感じた」

館内は、書庫の窓が割れても電球が切れても修理されないまま。暗くて雨風が入り込むため湿気が高く、本はカビだらけでした。働く多くは少年少女で、食べ物がない苦しい生活も相まってか結核で倒れる人も少なくなく、亡くなった仲間もいました。

■〝開かずの間〟

戦時中でも図書館利用者は1日に３００人ほどいました。閲覧室は男女で区切られ、収容できる広さは男性は約３００人に対し女性は60人ほど。食堂の利用も男女別でした。

山崎さんの主な仕事は、閲覧者への本の提供や空襲から本を守るための疎開準備などでした。すでに奈良時代からの貴重な本は長野県の刑務所や学校に疎開。さらに一冊でも多く、と隣の国立博物館の表慶館の地下室に移送しました。

帝国図書館の一室、〝開かずの間〟には日本軍がアジア諸国から略奪した本が所蔵され職員も入れませんでした。

「秘密裏に運び込まれた本は約10万冊。中国をはじめ香港やインドネシア、シンガポール、フィリピンなどの本もあった。現地の言葉で書かれた地誌や歴史に関する本が多く、資源獲得の戦争目的から相手国の実情を知るためだったのではないか」と山崎さん。

山崎元さん

戦後、ＧＨＱ（連合国軍総司令部）から本の返還が命ぜられました。しかし東南アジア諸国の本は現地には返還されず、オランダやイギリスなど当時、植民地支配していた国に送られました。

特高が週に1回、図書館に来て閲覧者の入館書チェックをしていました。入館書は図書館を利用する際に書く書類で、名前や住所の他に閲覧する本を記載します。特高は応接室に陣取って、1週間分の何千枚もの書類を一枚一枚点検し、読んだ本のタイトルだけで閲覧者の思想傾向を調べていたのです。

帝国図書館は戦時中一日も休むことはなく、45年3月10日未明に発生した東京大空襲の日も開館しました。朝、出勤した山崎さんは上野公園にたくさんの遺体がトラックで次々に運び込まれていた光景を目にしました。

黒こげになった死体もありましたが、多くは軍服姿の男性やモンペをはいた女性など、酸欠や熱風が原因で死んだのか血の気は失っ

旧帝国図書館（現国際子ども図書館）

ているものの、まるでただ寝ているかのように横たわり、ずらりと並んでいました。

遺体はどんどん増えました。昼休みにもう一度様子を見に行くと、お母さんと子どもの遺体の傍らに朝にはなかった人形が置いてあるのに気づきました。

「どっと悲しみが湧いてきて涙がとまらなかった。今でも生身の遺体や誰かが置いた人形の姿、供えた人の気持ち、死ぬまで忘れられないし、忘れちゃいけない」

軍国少年だった山崎さん。戦後の平和と民主主義を求める心の原点になりました。

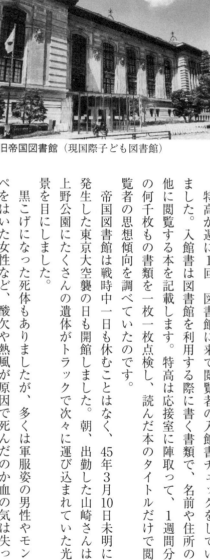

■平和史築こう

戦後、山崎さんは引き続き国立国会図書館員として91年まで勤務しました。「戦後の図書館は、文化を通じて平和と民主主義に貢献し真理探究の道をみんなで歩んでいこうという機運に満ちあふれていた」

戦争を知らない世代に山崎さんはこう思いを込めます。「歴史を継承するだけでなく、新しい世代の人がどんどん新発見や発掘を含めて挑戦し、戦争史を学んでゆるがぬ平和史をつくってほしい」

（2020年8月31日付　原千拓）

(7) 怖かったソ連兵の足音――遠藤和子さん

東京都町田市の遠藤和子さん(87)は、「満州」(中国東北部)で生まれ育ち、ソ連の「満州」侵攻でソ連兵から逃げまどいました。国家に捨てられたという憤りを今も抱えています。

■〝帰ってくるな〟

遠藤さんの父は外務省の役人で、在新京帝国領事館の総領事代理などを務めました。一家は奉天や新京、吉林などに転勤を繰り返しました。

「日本が戦争に負けるらしい」――。おとなたちの会話を耳にしました。当時の日本政府は「満州」の日本人を内地へ帰す計画はなく残留させる方針でした。遠藤さんが奉天千代田小学校6年生のときでした。

「政府は、日本は食糧が乏しいため帰ってくるなという。母国から見捨てられたと怒るおとなの人もいました。国家や軍隊は国民を守ってくれないと子ども心に感じました」と遠藤さんは憤ります。

ソ連が「満州」に侵攻し、生活は一変しました。戦車の音を響かせてやって来たソ連兵は、略奪や女性への暴行などを働きました。

ソ連兵の姿が建物の窓から見えると、3階に住む女性が暖房に使っていたラジエーターの鉄管をカンカンとたたいて合図し、遠藤さんたちは隠れました。

「袋戸棚の荷物のさらに奥へ隠れました。兵隊の足音が聞こえると怖かった。心臓の音さえ聞こえてもいけないと必死でした」。父と母は「物なんてくれてやれ。命さえあれば良い」と遠藤さんに言い聞かせました。

遠藤さんは「隠れたり逃げまどう日々。どんなに怖くつらいものか思い出すと今でも寒気がする」と表情をゆがめます。

その後、日本政府によって引き揚げ船が用意されることになり、遠藤さん一家3人は葫蘆《ころ》島を目指しました。1人、千円とリュックサック一つ。写真は持ち出し禁止だったといいます。昼も夜もなく移動し続けました。頭上を八路軍（中国共産党軍）と国民党軍の弾が飛び交いました。親と離れ離れになった子どもの集団を見ました。「あの子たちはどうなったか忘れられない……」。胸が痛みます」と苦悶《くもん》します。

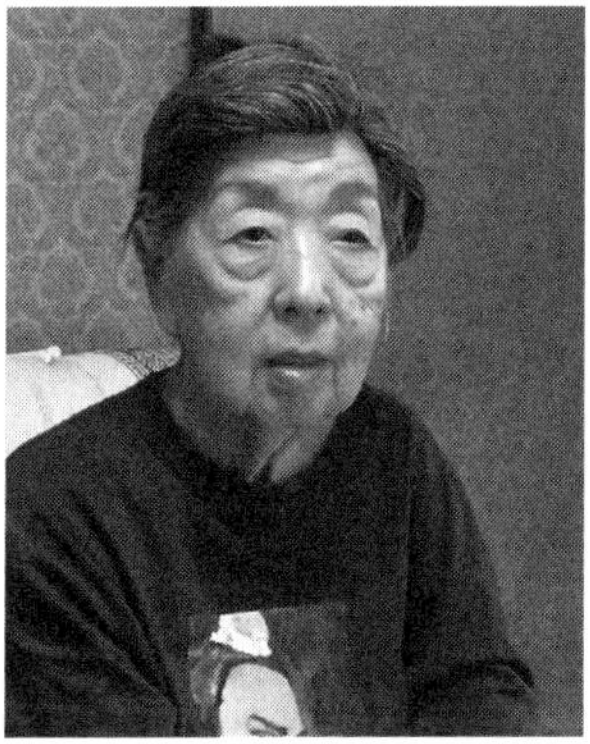
遠藤和子さん

46年7月頃、遠藤さん一家を乗せた引き揚げ船は出港しました。船内では水葬が何度かありました。「赤ちゃんの遺体はなかなか沈まず、若い母親はずっと泣き崩れていた」と声を落とします。

山口県長門市の仙崎港に着いて引き揚げ者専用列車に乗ると、若い復員兵が席を独占していました。50代だった遠藤さんの父は、母のために席を空けてほしいと復員兵に言うと「この老いぼれがーッ。お前のようなやつが日本を負け戦にしたんだ」と怒鳴られ殴り倒されました。遠藤さんは母の後ろで見つめるばかりでした。

　父の生まれ故郷の佐賀県に帰り着きました。遠藤さんは戦争が終わり喜んでいる人たちに違和感を覚えたといいます。「『満州』では敗戦の途端に怖いことが押し寄せてきたが、佐賀では『電気がつけられる』『戦死する人もいない』と言っていて〝ずいぶん違うなあ〟と首をかしげました」

■侵略の傷痕訪れ

　戦後、母校訪問として同窓生と満州を再訪しました。細菌戦部隊で人体実験を行っていた旧日本軍の731部隊があったハルビンも訪れ、日本が行った侵略戦争の傷痕を見ました。「ここで人体実験が行われたと思うと生臭い風を感じました。人間がよくここまで残虐なことをするなと。戦争はもういやです」

　2016年に日本共産党に入党した遠藤さん。「安倍9条改憲NO！　3000万人署名」などを手にご近所を回っています。

　「私たちの力で国を動かしましょうよと話すと〝そうだね〟なんて言って署名してくれます。一番怖いのは民主主義を壊されること。野党共闘をもっと強くしていきたい」と力強く語ります。

（2020年9月5日付　仁田桃）

（8）航空隊で受けたリンチ——平島節郎さん

「戦争は思い出すほどつらい、厳しいことばかり」と、長年胸の奥に封印してきた福岡県八女市の平島節郎さん（92）。「戦争体験がある人は、後世に伝える責任がある」——。脚本家・山田太一さんのこの言葉に背中を押され、2019年初めて地域の人たちに語りました。

平島さんは旧制八女中学校に在籍中の16歳で、海軍飛行予科練習生に志願しました。兄弟姉妹は13人。8歳上の長兄は経済的な理由で希望の五高（現熊本大学）進学をあきらめて海軍兵学校に、次兄は陸軍特別幹部候補生に入隊。

平島節郎さん＝野田一好さん撮影

「憧れの予科練の訓練と制裁は筆舌に尽くしがたいものだった。とくに糸島（福岡）の航空隊で受けたリンチはすさまじく、今も忘れません」といいます。

真冬に班員が手袋をして自習していたのを班長にとがめられ、平島さんが「凍傷で軍医の許可を得ている」と口添えしたのがきっかけでした。

「おまえはしゃべりすぎる」。6尺（約180㌢）の角棒を手にした班長はいいました。「貴様らは志願兵だから進級は早い。俺は召集兵だから遅い」「貴様の穴（けつ、尻）の骨が折れるか、俺の腕の骨が折れるか二つに一つだ」

■気を失っても

平島さんが気を失ってもなお馬乗りになり、50、60発はたたき続けた、と。1週間近く病院で寝たきりになりました。班長は平島さんの日記帳もチェックしていたと別の班長から聞きました。

45年3月、長崎の大村海軍航空隊に移動。実地の飛行訓練を期待しましたが、飛行機を造っていた工廠《こうしょう》はB29の爆撃を受けてがれきの山。

相次ぐ空襲のもと、飛行場の修復に動員されていた40、50代の男性数十人が、低空で襲ってきたグラマンの機銃掃射に遭い、目の前でばたばた倒れていきました。

陸戦の射撃訓練に明け暮れた大分で迎えた8月15日。混乱のなか「九州は最後の一兵が玉砕するまでたたかう」という指令がきました。再び射撃訓練の実弾を受け取ったものの、3日ほどで平島さんの戦争が終わりました。

長兄の俊郎《しゅんろう》さんへの思いは尽きません。俊郎さんは乗っていた戦艦霧島が42年にソロモン海戦で沈没。10時間余り泳ぎ続け九死に一生を得ましたが、乗る船がなくなり、航空隊に転身しました。

■結婚直後出撃

44年8月に結婚。「披露宴のとき兄貴はすでに帰隊し、嫁さんだけ」の寂しい光景でした。戦況の悪化が続いた3カ月後、俊郎さんは「明日、フィリピンに出撃する」と、妻の綾子さんと鹿児島航空隊まで面会にきてくれました。「元気か」「はい元気です」。変わりない簡潔な会話でした。

俊郎さんは12月6日、ミンダナオ島沖で連合軍船団への攻撃に出撃し死亡。25歳。その2カ月後、綾子さんが後を追うように亡くなりました。21歳でした。

遺品から、綾子さんが書いた歌が見つかりました。

「世の中は空なり君なくて　ただいたずらに生きながられえんか」

戦後、俊郎さんの「遺書」が家族に届けられました。妻にあてたもので、二人が結婚前に交わしたやりとりが書かれていました。

「…私は言った。……万一の場合、おまへは自決してくれるか、と。おまへは力強くうなづいた。……俺とおまへは遂に手も握り合はなかった…」（原文のまま）

平島俊郎夫妻

戦後、地元立花町で日本共産党の町議を7期、地域の戦没者遺族会会長などを務めた平島さん。「私は小学校1年で軍事訓練を受け、中学校では廊下に並ぶ小銃に何も矛盾を感じなかった。戦争は、いつの間にか抜き差しならない状況に追い込まれ始まる。教育の右傾化、憲法改悪…、戦争につながるどんな動きにも目を凝らし、平和を守る力を大きくしていかなければ」

（2020年9月8日付　西口友紀恵）

（9）骨箱には石と炭のようなものが――中元輝夫さん

近くの小川で釣ったウナギを焼き、サワガニをゆで、山でシメジやマツタケを取り、おやつ代わりにイタドリの草に塩をつけて食べる。岡山県の山里、川面村（現高梁市）の自然の中で貧しくものびのびと過ごしていた中元輝夫さん（83＝岡山市）の家族にも、戦争が困難をもたらしました。父の猛さんが1944年3月に召集されたのです。中元さんが6歳のときでした。

姉が牛を使って田を耕し、長兄は高等小学校に通わず姉を手伝いました。看護師になりたかった姉はのちに、「戦争がなかったらなあ」とこぼしていました。父の不在で生産力が落ちたうえ、出来の良いコメは軍隊へ供出させられ、家族はクズ米にサツマイモや麦を混ぜて食べました。

しばらくして実母の葬儀のために軍から一時帰休した父は、鎌《かま》を研いで家の周りの雑草を刈りました。母が遅れていた稲刈りの手伝いを頼みましたが、父は「おめえらだけでやってくれ。わしゃ疲れとんじゃ」と。母が頼みを断られたのはこれが初めてだったと後に語りました。

■6人の子を残し

出発の朝、中元さんは次兄とともに駅まで8キロの道のりを歩いて見送ります。道すがら、父は「きょうだいげんかせんと、お母さんを手伝って家を守ってくれ」と何度も言いました。汽車が動きだし、父はカーブが切れて見えなくなるまでずっと帽子を振り続けました。所属部隊も聞かないまま、それが最後になりました。

「比島方面ノ戦闘ニ於テ戦死ス」。45年8月30日に家族に届いたのは、父がフィリピンで戦死したという公報でした。母は衝撃のため田んぼで気絶。その後徐々に弱って寝込むようになり、6人の子どもを残して亡くなりました。寺に届けられた骨箱を見て中元さんは、「こんな形で帰って来たんか」と信じられない気持ちでした。きょうだいみんなはどんな姿で帰ったのかを知りたがり、家に帰って骨箱を開けました。大きな箱の中には石ころと炭のようなものが並んでいただけ。「これはお父さんじゃねえ」。あわてて箱を閉め、白布をきつく縛りました。

「ジャングルで敵兵とたたかって死んだのだろう」と自分に言い聞かせ、40年近く過ぎて日本共産党で働いていたころ、中元さんは「赤旗」の配達中に事故に遭い、生死の境をさまよう大けがをしました。意識を取り戻す直前に夢に見たのが、ずぶぬれで枕元に立つ父の姿でした。ぬれた父を見て「海で死んだのではないか」と思い立った中元さんは、手掛かりのないまま調査を始めます。

中元輝夫さん

墓参りで実家に戻った際、川面村から父と一緒に船に乗った人がいると長兄から聞き訪ねると、「(広島市)宇品から大きな船で出た」と教えてくれました。

宇品へ行くと比治山の戦没者墓地に行くよう勧められ、

父の肖像画

母の肖像画

そこで「船舶砲兵部隊慰霊碑」を見つけます。碑の前に記されていた事務局を訪ねると、44人の戦死者名簿の中に「岡山県　中元猛」の文字が。「これは私の父です」と叫びました。

軍の報告書には「陸軍一等兵中元猛……生死不明トナリタル日時場所、昭和十九年十二月二十二日、仏領印度支那バタンガン岬沖」。父の乗った船は陸軍のガソリン輸送船でした。「弾ハ左舷機関部及油槽付近ニ命中瞬時ニシテ大爆発火災ヲ起シ沈没セリ……対潜監視勤務中ナリシ本人ハ生死不明トナレリ」とありました。「本当にぼくのお父さんじゃ」

■バタンガン訪れ

中元さんは退職後の２００１年、ベトナムのバタンガンを訪れます。浜辺で線香を上げ、きょうだいらの手紙を読み上げました。

たった13文字の公報に納得がいかず、長年わだかまっていた中元さんは「父や他の戦死者の尊厳を守るために真実を明らかにしたかった」と言います。「父は赤紙一枚で徴兵された。権力で絶対的にやったことは許せん。二度と戦争による遺族をつくらないため頑張ろうと思う」

（２０２０年9月16日付　小梶花恵）

（10）悲劇続発の逃避行――門脇輝男さん

「日本が無条件降伏した8月15日後も、必死で逃げ回っていました」。門脇輝男さん（82＝札幌市清田区）は75年前の樺太（現サハリン）で起きた出来事を昨日のように思い起こします。

1945年8月12日、南樺太北部の炭鉱の町、塔路《とうろ》で国民学校2年生でした。教室に戻った教師が「すぐに帰りなさい」と命じます。夜、母に起こされ、弟妹と坑内に避難します。父は貨物船不足で樺太の石炭移送が困難になっていたため、九州の炭鉱に配転されていました。

1400人が坑内に集合。なぜか土のうで坑口を密閉します。

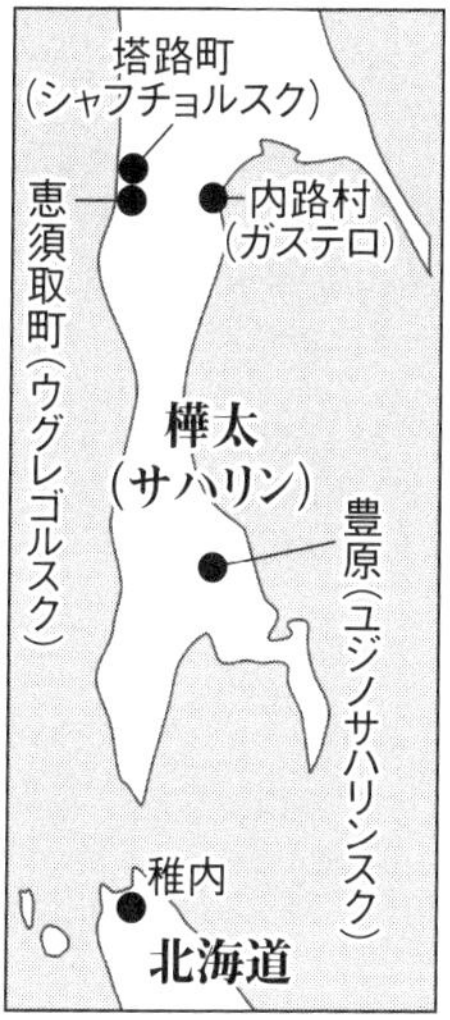

同年2月のヤルタ会談でアメリカから対日参戦を求められたソ連（現ロシア）。スターリンは「領土の獲物がなければソ連国民は納得しない」と南樺太と日本領の千島を引き渡せと主張しました。

日本軍が常駐していない塔路。「ソ連が上陸してきたら、守りを固めている義勇隊が切り込む。悪いが、足手まといの女や子ども、老人は死んでもらう」とダイナマイトを仕掛けたのです。「残してい

門脇輝男さん

くのは忍びない」。鉱業所の医師は妻と子に青酸カリを飲ませました。

命令された隊員は結局、爆破するスイッチを押せませんでした。

■乳児が犠牲に

ソ連軍の攻撃は、8月15日を過ぎても続きました。北海道に渡る船が出る港を探し、命がけの逃避行を開始します。避難民は船に乗れる恵須取《えすとる》町を黙々とめざしました。

真夜中に着いた太平町。翌日、中心部が爆撃され、燃え盛る炎の中を逃げました。恵須取はすでにソ連軍の手に落ち、西海岸から東海岸の内路《ないろ》村まで険しい山中１２０キロを横断することに。逃避行で悲劇が続発しました。

塔路で同じ長屋に住んでいた若い母親の腕の中で乳飲み子が冷たくなっていました。泣き叫ぶ母親を門脇さんの母は何度も叱りました。慰めは生きる気力をなえさせるからですが翌朝、2人目の乳児が死亡。若い母親はもう立てませんでした。

少し行くと飛行機の爆音が聞こえました。「伏せろ」と誰かが怒鳴りました。〝ダダダダダダ〟。機銃掃射を浴びせるソ連機。「もう駄目だ」。30分くらいたったのか、恐る恐る立ち上がると、足元は穴だらけでした。

夜、おとなたちが言い争う声に目が覚めました。「この戦争は負けだ」「捕まれば皆殺し。ここで死のう」。隠し持っていた手りゅう弾を握る男。「やめなさい」と叫ぶ母親らともみ合いが続き、男はやっと諦めました。

髪を振り乱し、まわりの避難民をののしる30歳くらいの女性。2人の子どもが捨てられていた手りゅう弾で遊んでいるうちに爆発し、手足がばらばらになって亡くなりました。正気を失った女性はその後、同様に捨てられていた鉄砲を振りかざして踊っているところをソ連兵に射殺されたと聞きました。

■降伏を知らず

「8月24日、日本軍は内路まで達していたが、師団司令部から投降命令が下され、武装解除した」との記録がありますが、避難民は日本が降伏したことは誰も知りません。

内路に到着。船どころか港も見えませんでした。

翌朝、「ゴトゴトゴト」とソ連戦車隊が現れます。やがて自動小銃を持ったソ連兵に日本兵が連行されていきました。みんながようやく終戦を知り、来た道を戻り始めました。

空襲や引き揚げ船3隻へのソ連潜水艦の攻撃、集団自決などで降伏後の2週間で3700人もの命が奪われた樺太。「想像を絶するシベリアの強制労働で日本の地を踏めずに無念の死を遂げた人も多くいる」と門脇さん。「殺し殺される戦争は二度としてはなりません。私は微力ですが、残りの人生を平和の活動に参加していきたいと思っています」（2020年9月23日付　名越正治）

（11）開拓民は捨てられた――髙屋敷八千代さん

「満州」（現・中国東北部）から引き揚げた体験を伝え、平和の「語り部」を続ける髙屋敷八千代さん（83＝青森県野辺地町）。中国侵略に残虐の限りを尽くし、中国の人びとをおとしめた日本人として、葛藤する思いを語りました。

日中戦争が本格化した1937年、青森県佐井村で産声をあげた八千代さん。父親は前年から国策に従い「満州」で教員をしていました。1年後、母親と八千代さんを呼び寄せます。

45年、満州北西部の蒙古に近い永平岩国《えいへいいわくに》開拓団に住んでいました。妹と弟3人と家族が増え7人に。父は永平岩国国民学校の校長をしていました。

■のびのびと育つ

暑い夏と極寒の冬。どこまでも続く大草原で、のびのびと育ちました。中国の人とも仲良くしていた開拓団。よくアヒルの卵の漬物（ピータン）やソーセージをもらいました。

「（日本人に雇われた）中国のおじさんがくれたクーニャン（食用ホオズキ）のおいしさは忘れられません」

終戦直前の8月11日、父が「あす14時までに鎮西駅に集合せよとのことだ」と、いぶかしげに話しました。

この前日、大本営から朝枝繁春参謀を関東軍に派遣し、「日本人は現地に残しておけ」との「現地土着」の方針が伝えられていました。

1944年、「満州」新京で撮影。右から、八千代さん、弟、母、妹

日本の敗戦間近なことも、関東軍撤退も何一つ知らなかったと八千代さん。翌朝、中国の女性に見送られ、団員と馬車に乗り出発。雨に降られ、中国人の農家で休憩させてもらいました。

13日、鎮西駅に着くと、先の馬車に乗っていた妹がいません。最後の引き揚げ列車は出発し、捨てられた荷物が散乱しています。

急いで馬車を引きとめ、次の駅に向かったものの、そこも大混乱で、どうしようもない状態でした。「とにかくここを逃げよう」。十数人の一行は線路を歩き、南下しました。

髙屋敷八千代さん

■2昼夜で約100キロ

夜になり、満州鉄道の官舎や線路の上で仮眠し、また歩く。足はゾウのように太く硬く腫れました。弟たちは「いいもの（食べ物）ちょうだい」を繰り返しました。

途中で出会った日本兵は「日本軍は負けた」と建物に火をつけ、別の日本兵は「これから奥地へ命をかけ突撃する」と、一行へ肉親への手紙を託します。

2昼夜で約100キロ歩いて前郭旗駅《ぜんかつき》に着き、石炭用貨車で新京（現・長春市）に向かいました。ソ連機の機銃掃射のたびに、貨車の下や草むらに隠れました。敗戦の放送は、ガタゴト揺れる貨車の中で聞きました。

新京では警察の独身寮に。街では毎日、裸の死体を乗せた馬車が通り、ソ連軍の侵攻で婦女暴行、略奪など無法地帯と化しました。

八千代さんと母は丸坊主にし、外出時は顔に泥を塗りました。

終戦から2カ月後に3歳の弟がはしかで息を引き取りました。はしかがうつり、1歳の弟も5日後に亡くなりました。

新京での暮らしが1年たった頃、「南新京駅に集合せよ」と突然の知らせが届きます。胡蘆島《ころ》から船が汽笛を鳴らし岸壁を離れる時、八千代さんは心の中で叫びました。「やっと日本へ帰れる。さようなら満州、さようなら、（中国の）おじさん」

日本の加害を学ぶたび、日本人に優しくしてくれた中国の人々の思いが心に染みてくると八千代さん。

「日本に見捨てられた開拓団が受けた苦難を自身の紙芝居で伝え続けたい。日本の植民地支配の歴史を美化し、『戦争する国』づくりをすすめる自公政権の愚かさを知ってほしい」

（2020年9月24日付　青森県・藤原朱）

(12)「正義の戦争」教えた悔恨、語り続ける――田近治代さん

東京都葛飾区に住む田近治代さん（93）。7月に「新婦人しんぶん」にカラーで掲載された絵手紙の若々しさが話題になりました。「日本を再び戦争する国にしてはならないという思いで、残された日々を生き抜きたい」

田近さんは1944（昭和19）年4月、城東区第一大島国民学校（現江東区第一大島小学校）に赴任しました。東京都臨時教員養成所を修了したばかりの17歳。現職の男性教師が次々出征し、師範学校を出ていなくとも「代用教員」「臨時教員」として採用されていく世の中でした。

田近治代さん＝本人提供

■国定教科書通り

教師になるために教わったのは、「上司の命令には従え」「教科書を忠実に教えろ」ということでした。文部省発行の国定教科書はどの教科も、男子は立派な兵隊になって天皇のために命を惜しまず働く、女子は銃後を守るということが貫かれていました。「とにかくなんでも教科書の通り、やりました」と田近さん。「私自身も完

亀戸天神橋より亀戸方面の焼け跡＝1945年3月19日、日本写真公社撮影（東京大空襲・戦災資料センター提供）

全に軍国少女でしたから、疑問にも思わない。この戦争は正義の戦争で、必ず勝つのだと信じていました」

2年生を担任しましたが、すでに戦況は悪化し、空襲警報が鳴ると防空壕に避難する毎日でした。空襲を避けて都市の子どもたちを田舎で生活させる「学童疎開」も本格的になりました。

45年3月10日は、田近さんの担任の子どもたちを山形県上《かみの》山《やま》に集団疎開させる予定でした。9日、親たちは、子どもの布団を体育館に運び込んで無事を祈りました。田近さんも「布団をなでる親と同じ気持ちで、教え子28人の名札を確かめた」といいます。

10日未明、千葉県市川市の自宅で「東部軍管区情報」のラジオからの警報を聞いた田近さん。外に出ると、B29爆撃機が銀色のジュラルミンの肌をサーチライトに青白く光らせながら、暗い空を巨大な魚が泳ぐように不気味に東京上空に飛んでいきました。「すぐに東京の空が真っ赤に燃え上がったことが忘れられません。2時間半、獣のうなり声のような音が響き、心配で眠れぬ夜を過ごしました」

■焼け跡歩いたが

夜が明けて、父親と学校まで約10キロの道を急ぎました。炎と煙で目がただれ、髪も肌も焼けこげ、むせかえる死臭、ぼろぼろの服でぼうぜんと足を引きずり、切れ目なく歩く人々。総武線亀戸駅近くからは、家も工場も全焼でした。「道端で真っ黒な塊につまずいて。死体でした。足が震え、鳥肌が立ちましたが、歩くにつれ何体も出会ううちに、やがてモノとしてしか感じなくなった自分に愕然《がくぜん》とした」と話します。

校舎はコンクリート造りの奉安殿《ほうあんでん》（天皇・皇后の写真を『御真影』と称して教育勅語とともに安置した耐震耐火式の建物）の土台だけが残っていました。たどり着いた職員で、子どもたちの安否を知ろうと焼け跡を訪ね歩きましたが、教え子には会えませんでした。一望千里、近くの小名木川《おなぎがわ》、横十間川《じっけんがわ》の川岸に何百体と積まれた水死体、山のような焼死体をトラックに積み込んでいる兵隊の姿……。

焼け跡に一軒、土蔵が残っていました。「鈴木けい子ちゃんの家の土蔵でした。もしやと胸をふくらませましたが、助かった人の話では、その中で親子が重なりあって死んでいたと…」

その後現在に至るまで一人として、田近さんの当時の教え子の消息はわからないままです。現在の大島第一小学校付近は建物が密集し、自動車の往来も激しく、当時の情景はまったくありません。「誰も〝信じられない〟と思うからこそ話さずにはいられない」と田近さん。学校の裏手の愛宕神社に、当時から残る数本のイチョウの木が、無言で空に伸びています。

田近さんはいいます。「戦後、悔恨と償いの思いから、勉強しなおして平和教育に力を入れてきました。つらい記憶ですが、憲法9条が変えられようとしている今、語り続けることが命を失った教え子たちへの償いです」

（2020年9月28日付　荻野悦子）

カバー写真＝ハルピンに今も残る７３１部隊の建物（高知の平和博物館「草の家」副館長の岡村啓佐さん提供）
第５師団（広島）歩兵第11連隊第７中隊の『陣中日誌』（防衛研修所図書館蔵）

日本《にほん》の侵略《しんりゃく》　加害《かがい》と被害《ひがい》の真実《しんじつ》——忘《わす》れさせないために

2021年 7月15日　初　版

編　者　　赤旗編集局
発行者　　田所　稔

郵便番号　151-0051　東京都渋谷区千駄ヶ谷 4-25-6
発行所　株式会社　新日本出版社
電話　03（3423）8402（営業）
03（3423）9323（編集）
info@shinnihon-net.co.jp
www.shinnihon-net.co.jp
振替番号　00130-0-13681

印刷　亨有堂印刷所　　製本　小泉製本

落丁・乱丁がありましたらおとりかえいたします。

ISBN978-4-406-06603-7 C0031　Printed in Japan